W0071882

SCIENCE FICTION

Herausgegeben
von Wolfgang Jeschke

ARIS KAZIDIAN &
BRUCE JACOBY

DAS STAR TREK™ KOCHBUCH

Die Haute Cuisine der Galaxis

Aus dem Amerikanischen von
RALPH SANDER

Herausgegeben von
WOLFGANG JESCHKE

Originalausgabe

WILHELM HEYNE VERLAG
MÜNCHEN

HEYNE SCIENCE FICTION & FANTASY
Band 0605546

Deutsche Übersetzung von Ralph Sander
Umschlagbild und Farbillustrationen
von Gregor Schuster
Zeichnungen von Jakob Werth

Redaktion: Ragnar Thalow & Wolfgang Jeschke
Copyright © 1997 by Paramount Pictures
All Rights Reserved.
STAR TREK is a Registered Trademark of Paramount Pictures
Wilhelm Heyne Verlag Authorized User
Copyright © 1997
by Wilhelm Heyne Verlag GmbH & Co. KG, München
Printed in Germany August 1997
Umschlaggestaltung: Atelier Ingrid Schütz, München
Technische Betreuung: M. Spinola
Satz: Schaber Satz- und Datentechnik, Wels
Druck und Bindung: RMO-Druck, München

ISBN 3-453-12759-1

Inhalt

Abkürzungen und Erklärungen:

EL = Eßlöffel
TL = Teelöffel
l = Liter
g = Gramm

Alle Rezepte sind, wenn nicht anders vermerkt,
für 4 Personen berechnet.

ÜBER DIESES KOCHBUCH

Im Zeitalter der Replikatoren, die in Sekundenbruchteilen praktisch jedes Gericht servieren können, muß ein ›altmodisches‹ Kochbuch wie ein Anachronismus erscheinen.

Die Allgegenwärtigkeit der Replikatoren hat aus der herkömmlichen Kochkunst in den letzten Jahrzehnten immer stärker eine Herausforderung an die Computerprogrammierer gestellt, die bemüht sind, *alle* Speisen replikatorfähig zu machen.

Das Ergebnis ist in den meisten Fällen beeindruckend nahe am Original, manchmal ist es etwas gewöhnungsbedürftig, ähnelt aber dem Vorbild immer noch sehr. Relativ selten geschieht es, daß ein Replikator trotz genauer Analyse des Vorbildes eine ungenießbare Speise produziert. Ursache dafür sind oft Geschmacksveränderungen der Zutaten während der Zubereitung, die der Replikator nicht nachvollziehen kann.

In jedem Fall ist einem echt zubereiteten Mahl der Vorzug zu geben.

Da nicht nur eine ausgiebige Mahlzeit zu einer Seltenheit geworden ist, sondern auch die traditionelle Speisenzubereitung an sich immer mehr in Vergessenheit gerät, sollte sich jeder von Zeit zu Zeit den Luxus gönnen, eine Mahlzeit ohne Benutzung des Replikators zuzubereiten. Das wirkt, liebe Leserin, lieber Leser, auf den ersten Blick vielleicht rückständig, aber wenn Sie erst einmal eine selbstzubereitete Plomeek-Suppe gekostet haben, werden Sie erkennen, daß sich die Mühe gelohnt hat. Und auch Ihre Gäste werden solch ein Gericht zu schätzen wissen (wenn es nicht gerade Vulkanier sind, für die eine Plomeek-Suppe immer nach Plomeek-Suppe schmecken muß.)

Dieses Kochbuch präsentiert einige ausgewählte Gerichte, und es stellt eine Mischung aus bekannten Speisen und weitgehend unbekannten Rezepten dar, die in den Speichermedien der Computer in Vergessenheit geraten waren. Wer sich für weitere Gerichte interessiert, kann sich an Memory Alpha wenden, wo *alle* jemals aufgezeichneten Rezepte auf Abruf bereitstehen. Senden Sie einfach eine Nachricht an:

Memory Alpha
Zentralbibliothek der Vereinten Planetenföderation
Abteilung Nahrung und Lebensmittel
Alpha-Quadrant

Wenn Sie lediglich einen Überblick über die Rezeptgruppen wünschen, starten Sie während der Direktverbindung den Zugangscode **1120**. Über den Zugangscode ***9985* können Sie ein alphabetisches Verzeichnis aller Speisen aufrufen, aus dem Sie dann das gewünschte Rezept auswählen. Dieses Verzeichnis ermöglicht auch den Zugriff auf bestimmte Rezeptgruppen, die durch Selektion immer stärker eingeengt werden können, indem Sie beispielsweise die Rezepte ausnehmen, die eine bestimmte, Ihnen unangenehme Zutat enthalten. Da Memory Alpha Anfragen aller Art beantwortet und die Abteilung Nahrung und Lebensmittel zur Kategorie drei gehört – also erst nach Anfragen zu Rechtsangelegenheiten und zu medizinischen Themen bereitsteht –, kann es durchaus möglich sein, daß Sie nicht sofort eine Direktverbindung erhalten. In diesem Fall senden Sie bitte Ihre möglichst genau spezifizierte Anfrage über einen der zahlreichen Subraumkanäle, sie wird dann umgehend bearbeitet und beantwortet.

Wir stellten aus der Vielzahl der Rezepte die interessantesten für dieses Buch zusammen und bemühten uns, möglichst alle der ausgesuchten Gerichte zu testen. Dabei stellte sich heraus, daß dank der Replikatoren viele Händler nur noch gängige, echte Lebensmittel anbieten. Aufgrund langer Lieferzeiten für bestimmte Zutaten, die oft mehrere Monate dauern, kann es vorkommen, daß die Ware bereits verdorben ist. Wenn Sie also einmal nicht das gewünschte Gewürz erhalten, dann sollten Sie nur diese eine Zutat liefern lassen. Was letztlich zählt, ist die Tatsache, daß das Gericht nicht vom Replikator zubereitet worden ist, sondern von einer Lebensform. Auf den ersten Blick möchte man meinen, die Rezepte seien nicht einheitlich aufgebaut, was auch richtig ist. Ein Anliegen dieses Buches war es, die Rezepte so nahe wie möglich am Original zu halten. Dies führte dazu, daß bei manchen Rezepten zunächst die Zutaten aufgelistet werden und dann die exakte Zubereitung beschrieben wird, eine Methode, die nicht jede Rasse anwendet, so daß es in diesem Buch auch Rezepte gibt, bei denen die Zutaten direkt im Text befindlich sind. Auch finden sich dort zum Teil Hinweise auf weitere Zutaten oder besondere Beigaben, die in der Zutatenliste nicht genannt werden. Es empfiehlt sich daher in jedem Fall, das ausgesuchte Rezept zunächst in Ruhe durchzulesen und erst dann die Zutaten zu beschaffen.

Unser Dank gilt allen Bewohnern von Memory Alpha, die sich die Zeit nahmen, alte Dateien sowohl nach traditionellen als auch nach ungewöhnlichen Rezepten zu durchsuchen. Daß dabei manch andere interessante Datei zum Vorschein kam, ist eine erfreuliche Nebenerscheinung. Ganz besonders danken wir den Memory Alpha-Mitarbeitern *sma/s/j*, *i/s/d* und *ue/j* für ihre Geduld und ihre hilfreichen Hinweise. Ferner möchten wir Captain Benjamin Sisko, Captain Jean-Luc Picard, Commander Pavel Chekov, Captain Montgomery Scott, Captain Hikaru Sulu und Commander Chakotay danken. Letzterer steuerte sein Leibgericht ohne sein Zutun bei. Da er bis auf weiteres verschollen gilt, wurde dieses Rezept seiner persönlichen Datei bei der Sternenflotte entnommen.

Aris Kazidian   *Bruce Jacoby*

KLINGONISCHE GERICHTE

Klingonische Speisen stellen Nicht-Klingonen bei der Zubereitung stets vor große Probleme, da die klingonische Küche fast gänzlich auf Angaben zu Menge und Kochzeit verzichtet. Es ist vor allem dem klingonischen Feinschmecker Kl'ak'k zu verdanken, daß klingonische Gerichte überhaupt niedergeschrieben wurden. Daß dies über Jahrhunderte hinweg nicht geschah, liegt in der Tradition begründet, die die Kochkunst von Generation zu Generation wörtlich weitergab und Nicht-Klingonen nicht daran teilhaben ließ. Kl'ak'k, der von seinen Landsleuten als Schwächling und ehrlose Person bezeichnet wurde, machte es sich trotz dieser Ablehnung durch sein eigenes Volk zur Aufgabe, dessen Speisen komplett zu katalogisieren.

Damit wurde es Jahrhunderte später (also in der Zeit der ersten friedensvorbereitenden Begegnungen mit dem klingonischen Imperium) erstmals auch Nicht-Klingonen möglich, an den vielfältigen kulinarischen Genüssen der klingonischen Kultur teilzuhaben, die einen robusten und gesunden Magen- und Darmtrakt voraussetzen. Kl'ak'ks legitimer Nachfolger auf diesem Gebiet, Kr'tak, überarbeitete vor wenigen Jahren das einhundertdreiunddreißigbändige Gesamtwerk und faßte zahlreiche Rezepte zusammen, die sich nur wenig voneinander unterscheiden. Diese Abweichungen beruhen vor allem auf regionalen Eigenheiten: So gibt es zum Beispiel bestimmte Zutaten, die nur auf einem einzigen Planeten des Imperiums wachsen und so empfindlich sind, daß sie unmittelbar nach dem Pflücken oder Fangen verzehrt werden müssen. Sie sind daher für eine Konservierung und für den Transport absolut ungeeignet und können daher naturgemäß keine Zutat für eine andere, nicht heimische Speise darstellen.

Kr'tak beobachtete während der Vorbereitung seines Kochbuchs zahlreiche Freßgelage* und konnte somit erstmals ungefähre Mengenangaben und Zubereitungszeiten ermitteln. Kr'taks Notizen stellen allerdings nicht mehr als Durchschnittswerte dar, so daß es empfehlenswert sein könnte, sich zuvor über die Eßgewohnheiten der Gäste zu informieren. Es ist jedoch in keinem Fall ein Fehler, zuviel zuzubereiten. Eine zu kleine Mahlzeit kann dagegen unangenehme Folgen haben.

Wenn Sie Klingonen zu sich nach Hause einladen und ihnen Gerichte aus ihrer Heimat servieren möchten,

---

* Es sei mit Blick auf die guten Beziehungen zwischen der Föderation und dem klingonischen Reich darauf hingewiesen, daß diese Formulierung von Kr'tak im Vorwort zu seinem Standardwerk benutzt wird. Es handelt sich also nicht um eine abwertende Äußerung eines Nicht-Klingonen.

vergewissern Sie sich unbedingt, aus welcher Region Ihre Gäste stammen. Es hat schon mehr als einen toten Gastgeber gegeben, der aus Unwissenheit eine Zutat nahm, die nur in einer von seinen Gästen geächteten Familie verwandt wird – eine der schwersten Beleidigungen und ein nicht zu entschuldigender Angriff auf die Ehre der Gäste. (Ein Mord als Folge einer solchen Nachlässigkeit kann in der Regel nicht von den Behörden verfolgt werden; Lebensversicherungen verweigern in solch einem Fall mehrheitlich die Auszahlung der Versicherungssumme.)

Der *Anhang III* in Kr'taks ›Die klingonische Küche‹ gibt hier zahlreiche nützliche und *überlebenswichtige* Hinweise.

Die klingonische Kochmulde

Viele Speisen können in der Kochmulde zubereitet werden, die sich besonders bei großen Schlachten als äußerst praktisch erwies. Durch das Zusammenwirken von Sonnenstrahlung und Bodenerwärmung können Gerichte am Morgen vor der Schlacht vorbereitet werden und sind am Abend, wenn die Schlacht entweder geschlagen ist oder am nächsten Tag fortgesetzt wird, verzehrfertig. Dadurch können alle Krieger sich der Schlacht widmen, auf die Mitnahme eines Kochs kann verzichtet werden, und die Krieger können sich am

Abend sofort stärken, wenn sie von der Schlacht kommen.

Für die Kochmulde wird ein ungefähr ein Meter tiefes Loch gegraben, dessen Durchmesser sich nach der Zahl der Krieger richtet, die am Abend essen werden. Er sollte aber mindestens zwei Meter betragen. Das Loch wird mit einer Metallfolie ausgelegt, auf die man die Speisen legt. Diese wiederum bedeckt man mit einer weiteren Folie, deren Ränder gefaltet werden, so daß keine Erde an die Speisen gelangen kann. Dann wird das Loch wieder mit Erde bedeckt, wobei ein langer Streifen Metallfolie so angeordnet wird, daß er nur zur Hälfte mit Erde bedeckt ist. Dieser Folienstreifen leitet die Sonnenwärme in die Mulde und erhitzt die Speisen; die Erde darüber strahlt diese Wärme zurück, so daß im Inneren der Kochmulde Temperaturen von über 100 °C entstehen können. Es ist unbedingt zu beachten, in welcher Region die Kochmulde eingerichtet wird und wie lange die Sonne dort scheint, denn danach richtet sich die Art der Speisen.

Es ist empfehlenswert, eine individuelle Vorkehrung zu treffen, die erkennen läßt, ob und wann jemand unbefugt an der Kochmulde war. Die Vergangenheit hat gezeigt, daß immer wieder Freiwillige aus dem gegnerischen Lager sich jenseits des Schlachtfeldes auf die Suche nach den Kochmulden begeben, um den Speisen ein schnell wirkendes Gift beizumischen. Zwar handelt es sich dabei um einen feigen und zugleich unehrenhaften Sieg, aber die Schande ist für die Familien der Opfer meist noch größer, da sie sich sagen lassen müssen, ihre Verwandten hätten sich wie Kinder in die Falle locken lassen.

GEFÜLLTE BRAKTH-LEBER   (Foto Seite 111)

(für 8–12 Personen)

Man nehme mindestens 25 kg frische Brakth-Leber, 6 l Brakth-Blut und 1 kg Pretk'a.

Die frische Brakth-Leber vorsichtig häuten und in 4 cm dicke Scheiben schneiden. Dann eine Woche unbedeckt der Sonne aussetzen und gründlich austrocknen lassen. Bei Regenphasen ist die Trockenzeit entsprechend zu verlängern. In die Scheiben auf der Längsseite mit einem sehr scharfen Messer Taschen einschneiden, die mit einer guten Portion frisch gemahlenem Pretk'a (vorzugsweise aus dem Süden Khitomers) gefüllt werden. Anschließend die Leberscheiben so lange in Brakth-Blut tauchen, bis die getrocknete Oberfläche wieder geschmeidig wird. Dann die Leber sofort roh in einem tiefen Teller servieren.

BREGIT-LUNGE

(Foto Seite 17)

5 kg Bregit-Lunge
8 große Kal'lar-Zwiebeln
2 noch nicht ganz reife Rottars
1 TL Loob-Wein
1 l Targ-Tran
2 EL Pikh-Salz
2 EL Tritical-Mehl
30 g Ooos-Pfeffer
eine Handvoll rote Beeren, die für die Herstellung
von Blutwein verwendet werden
20 g Pretk'a
1 großer Becher Sahne

Die Bregit-Lunge unter fließendem heißem Wasser waschen und anschließend in Salzwasser einlegen. Das Wasser zum Kochen bringen, in der Zwischenzeit die Kal'lar-Zwiebeln in feine Streifen schneiden, die beiden Rottars schälen und auspressen. Den Saft in einer separaten Schale auffangen und gekühlt aufbewahren. Die Zwiebel-Würfel und die gepreßten Rottars in das kochende Wasser geben, den Loob-Wein zufügen. Wenn die Lunge eine tiefblaue Färbung angenommen hat, den Topf von der Feuerstelle nehmen, die Lunge auf ein ausreichend großes Tablett legen und auskühlen lassen.
Nach etwa zwei Stunden kann die Bregit-Lunge in etwa fingerdicke Scheiben geschnitten werden.

Bregit-Lunge (Rezept Seite 16)

Targ-Tran in einem kleinen Topf erhitzen, mit Pikh-Salz würzen, das Tritical-Mehl unterrühren und auf kleiner Flamme köcheln lassen, bis eine dickliche Flüssigkeit entsteht. Ooos-Pfeffer hinzugeben, die roten Beeren ganz in den Brei geben, ebenso Pretk'a hinzufügen. Alles noch einmal eine knappe Stunde köcheln lassen. Dann die Lungenscheiben auf die Teller legen und mit dem Brei übergießen, mit einem Löffel Sahne anrichten.

BREGIT-ZUNGE

12 Bregit-Zungen
Goor-Beeren
1 mittelgroße Kal'lar-Zwiebel
Fuoi-Körner
Kräuter nach eigener Wahl
Pikh-Salz
1/2 l Targ-Tran
150 g Tritical-Mehl
3 EL Gregh
1/2 l K'tla'k'tak-Saft
8 EL Sahne

Die Bregit-Zungen in heißer Bregit-Milch waschen und trocknen. Die Goor-Beeren in heißes Wasser legen und quellen lassen, bis sie mindestens auf die doppelte Größe angewachsen sind. Die Kal'lar-Zwiebel gründlich schälen und in feine Ringe schneiden. Fuoi-Körner zu feinem Pulver mahlen. Goor-Beeren, Zwiebelringe und Körner zusammen mit einer Prise Pikh-Salz sowie Kräutern nach eigener Wahl in 5 l Wasser geben, bei großer Hitze kochen, bis die Hälfte des Wasser verdampft ist. Die Bregit-Zungen dazugeben und bei kleiner Flamme garen.

Wenn sich die borstige Haut der Zunge mit den Fingern problemlos vom Fleisch lösen läßt, dann die Zungen häuten. Anschließend der Länge nach teilen und in mindestens fingerdicke Scheiben schneiden. Zum Servieren in die Brühe zurücklegen und warmhalten. Für

die Sauce Targ-Tran der Güteklasse IV erhitzen, bis er dünnflüssig ist. Tritical-Mehl dazugeben und eine dickflüssige Mehlschwitze zubereiten. Mit der Brühe der Zungen verrühren, Gregh und K'tla'k'tak-Saft hinzufügen und gründlich, aber langsam rühren. Nochmals zum Kochen bringen, Zungenstücke auf die Teller geben, die Sauce darübergießen und jeweils einen Eßlöffel Sahne pro Portion dazugeben.

GEKOCHTES BREGIT-HIRN

(Rezept für 1 Person)

1/2 Bregit-Hirn
1 Eßlöffel Targ-Tran
1 Eßlöffel Tritical-Mehl
1/2 Tasse Gregh-Brühe
1/2 Eigelb
5 El Sahne
K'tla'k'tak-Saft
Pikh-Salz

Bregit-Hirn ist ein sehr nahrhaftes, zugleich aber auch ein extrem kurz haltbares Nahrungsmittel. Es wird allgemein davon abgeraten, Bregit-Hirn bei einem Metzger zu kaufen, dessen Geschäft weiter als drei Kilometer vom nächsten Schlachthof entfernt liegt.

Es empfiehlt sich, das Hirn unmittelbar im Schlachthof zu besorgen, da nur so sichergestellt sein kann, daß es absolut frisch ist. Idealerweise sollte man einen mit Salzwasser gefüllten Behälter bei sich haben, in dem das Hirn nach Hause transportiert wird.

Dort wird es auf einen Trockenschwamm gelegt, der das Blut aus dem Gehirn aufsaugt. Es ist peinlichst genau darauf zu achten, daß sich vor dem Zubereiten kein Blut mehr im Hirn befindet, da sich dort ansonsten ein Halluzinogen entwickelt, das von kleineren Störungen der Wahrnehmungsfähigkeit bis hin zu lebensbedrohenden Wahnvorstellungen sämtliche Reaktionen auslösen kann. Dies muß nicht zwangsläufig geschehen, doch sollte man tunlichst auf eine präzise Zubereitung achten. Bis heute konnten keine Ursachen für diese extrem unterschiedlichen Reaktionen festgestellt werden.

Nachdem man dem Hirn das Blut entzogen hat, die dicke, grünliche Haut entfernen, das Hirn durch ein Sieb drücken. Dann aus dem Targ-Tran, dem Tritical-Mehl, der Gregh-Brühe und dem Eigelb eine dickflüssige Sauce herstellen, die kurz aufgekocht wird. Während des Abkühlens wird das Hirn untergerührt und zusammen mit der Sahne in einem tiefen Teller serviert.

GEBACKENES BREGIT-HIRN

4–6 Bregit-Hirne
Pikh-Salz
Pretk'a
1 Ei
eine Handvoll geriebenes Trockenbrot
Targ-Tran

Wie bereits oben beschrieben wird das Hirn auf einen Trockenschwamm gelegt, um das Blut zu entziehen. Da das Hirn bei diesem Rezept jedoch gebacken wird, ist es nicht nötig, das gesamte Blut abzusaugen. Durch das Erhitzen während des Backens werden die Halluzinogene abgetötet. Die grünliche Haut entfernen, das Hirn ein paar Minuten lang in kochendes Salzwasser legen. Nach dem Abkühlen jedes Hirn in vier etwa gleich große Stücke teilen.

Das Ei auf einem großen, flachen Teller aufschlagen, Pikh-Salz und Pretk'a darin verrühren. Auf einen zweiten großen Teller das geriebene Trockenbrot geben. Die Hirnstücke in der Eimasse wälzen und dann auf beiden Seiten mit dem Trockenbrot panieren. Anschließend eine hohe Pfanne bis knapp unter den Rand mit Targ-Tran füllen, die Hirnstücke darin schwimmend bei starker Hitze backen und heiß servieren.

GAGH

Gagh, auch bekannt als klingonischer Schlangenwurm, kommt auf den meisten Planeten des klingonischen Imperiums vor und hat sich seit der Entdeckung des Wurmlochs bei Bajor als Exportschlager in den Gamma-Quadranten erwiesen. Die Nachfrage auf den verschiedenen Planeten im Gamma-Quadranten ist seit Monaten ungebrochen, die Auseinandersetzungen mit dem Dominion haben aber die Zahl der Flüge dorthin deutlich reduziert. Aufgrund der großen Profite, die eine Lieferung Gagh in den Gamma-Quadranten abwirft, finden sich immer wieder todesmutige, zumeist hochverschuldete Ferengi, die einen Flug wagen.

Der klingonische Schlangenwurm erfreut sich auch in anderen Bereichen der Galaxis ungewöhnlich großer Beliebtheit, jedoch wird er hauptsächlich wegen seines extrem hohen Proteingehalts geschätzt. Man verzehrt ihn meist in verarbeiteter Form, während er im klingonischen Reich vorzugsweise lebend serviert wird, ohne Beilagen, ohne Saucen, ohne Gewürze. Ist es – insbesondere Reisenden – nicht möglich, größere Mengen Gagh lebend zu transportieren, so kann man ihn gewürfelt und in einer Lösung aus Pikh-Salz eingelegt lange Zeit konservieren, ohne daß er an Geschmack oder Nährwert verliert. Durch die weite Verbreitung des Gagh auch außerhalb des klingonischen Imperiums sind in den letzten Jahrzehnten verstärkt andere Zubereitungsformen bekannt geworden, die sich auch in klingonischen, Touristen verbotenen Restaurants durchgesetzt haben.

Die nun folgende Variante ist mit großem Vorsprung die beliebteste Zubereitung des gekochten Gagh: Pro Person nehme man eine große Schüssel Würmer; diese in einer Mischung aus Süß- (30%) und Salzwasser (70%) einlegen. Zwei Tage in der Brühe liegen lassen, dann unter Hinzufügung von Gewürzen nach eigenem Belieben in dieser Brühe etwa 1 Stunde kochen. Wem der Gagh zu pikant ist, der kann pro Person zwei Tassen Targ-Tran unter ständigem Rühren hinzufügen, bis sich eine gelbliche Schicht auf den Würmern bildet, die ihm den für Targ-Tran typischen schalen Geschmack verleiht.

Die wenigen Gourmets unter den Klingonen haben schon seit längerem den hervorragenden Geschmack und den hohen Nährwert der Gagh-Leber entdeckt, wobei man jedoch für eine ausreichende Portion pro Person mindestens vierhundert Gaghs rechnen sollte. Die Leber in Tritical-Mehl wenden und in siedendes Öl geben, wo sie zu kleinen Stücken etwa in der Größe eines Hanfkorns schrumpft. Wenn die Stücke eine weiße Färbung angenommen haben (üblicherweise nach 15 Minuten), können sie aus dem Öl genommen und heiß serviert werden.

ROKEG (AUCH BLUTPASTETE)

2 kg Tritical-Mehl
1 kg gehärteter Targ-Tran
Pikh-Salz
2 Rokeg-Keulen
200 g sehr fetter Klehf
4 große Kal'lar-Zwiebeln
6 Eier
6 Eigelb
4 verschiedene Kräuter nach eigener Wahl
1/2 TL Pretk'a, grob gemahlen

Gehärteten Targ-Tran erhitzen, Pikh-Salz und Tritical-Mehl unterrühren, bis ein fester Teig entsteht. Mehrmals gründlich kneten, dann in einen kalten, von Zugluft freien, trockenen Raum stellen.

Aus den Rokeg-Keulen die Knochen auslösen (auf die Nebenknochen achten, die ähnlich wie Gräten aussehen und an verschiedenen Stellen rings um den Knochen dem Fleisch zusätzlichen Halt geben). Das Fleisch dann grob hacken, kurz liegen lassen und schließlich in sehr kleine Würfel schneiden. Den Klehf ebenfalls in sehr kleine Würfel schneiden, in eine mit Targ-Tran eben bedeckte Pfanne geben und braten, bis die Ränder des Klehf dunkel werden. Dann die Kal'lar-Zwiebeln in Scheiben schneiden, zusammen mit dem Fleisch zum Klefh geben und anbraten. Die Kräuter fein hacken und mit dem Eigelb vermischen, kurz stehenlassen. Dann die Eier dazugeben, erneut rühren und alles dem Fleisch zugeben. Unter ständigem Rühren auf kleiner Flamme kochen, bis sich eine kompakte Masse bildet. Sofort vom Feuer nehmen, Pretk'a zugeben und abkühlen lassen. Dann den zubereiteten Teig aufteilen, eine Hälfte in der Backform ausrollen. Die Fleischfüllung hinzugeben und mit der anderen Hälfte des zubereiteten Teigs abdecken. Das ganze im Ofen bei 300 °C mindestens eine Stunde backen, bis die Pastete eine goldgelbe Färbung angenommen hat.

TARG-KOPF

Der Targ ist ein dem terranischen Wildschwein verwandtes Tier; sein Fleisch ist jedoch wesentlich zäher und im Geschmack pikanter. Man läßt einen wohlgeformten großen Targ-Kopf mit einem glühenden Eisen gründlich absengen, so daß er frei ist von Borsten und Stacheln. Dann sauber waschen und vorsichtig die Giftblasen entfernen, die sich in Ober- und Unterrüssel befinden. Hier ist besondere Vorsicht geboten, da das Gift noch wochenlang nach dem Schlachten tödlich wirken kann. Es empfiehlt sich, für diesen Schritt wahlweise ein erfahrenes Familienmitglied oder einen ahnungslosen, unliebsamen Verwandten oder Nachbarn zu konsultieren.

Nachdem man in die Stirn einen Einschnitt vorgenommen und diesen Einschnitt mit ein wenig Pretk'a gefüllt hat, den Kopf eine Nacht in eiskaltem Wasser liegenlassen, damit er den durch das Sengen angenommenen Geruch verliert. Am nächsten Morgen den Kopf in einen genügend großen Topf legen und mit einer Mischung aus Wasser, Salz und At'rka-Essig bedecken. Dann mindestens fünf Stunden auf kleiner Flamme langsam kochen lassen, bis er fast weich ist. Den Topf von der Feuerstelle nehmen und eine Stunde stehenlassen. In dieser Zeit kann der Kopf in der abkühlenden Brühe nachweichen. Möchte man dem Kopf einen besonderen Geschmack geben, so kann ihm in der Abkühlphase jedes beliebige Gewürz beigegeben werden.

Dann den Kopf aus der Brühe nehmen, die Ohren putzen und die Zunge häuten. Danach entweder warm oder abgekühlt servieren. Essensreste können in der kalten Brühe für mehrere Woche aufbewahrt werden. Da das Fleisch in dieser Zeit dunkle Ränder bildet, sollten diese vor dem weiteren Verzehr abgeschnitten werden, da sie zeitweise einen unangenehmen Beigeschmack verursachen.

TARG-WURST

Man nehme etwa 40 kg vorwiegend mageres Targ-Fleisch ohne Knochen, 12 EL getrockneten Wrahkk, 100 g geschälte Goor-Beeren, dazu weitere Gewürze nach Belieben. Das Fleisch grob durch einen Wolf drehen, die geschälten Goor-Beeren mit durchdrehen, da sie beim Zerdrücken ein sich schnell verflüchtigendes süßliches Aroma abgeben, das vom Fleisch aufgefangen wird. Nachdem das Fleisch gemahlen wurde, den Wrahkk zu einem feinen Pulver reiben und hinzugeben, ebenso eventuelle weitere Gewürze nach Belieben hinzugeben und alles in einer großen, mit Wrahkk-Öl ausgepinselten Wanne gründlich kneten. Das Durchkneten nimmt mindestens drei volle Tage in Anspruch, deshalb sollte rechtzeitig sichergestellt werden, daß genügend Helfer anwesend sind, die sich abwechseln. Es ist auf jeden Fall zu vermeiden, daß die Targ-

Masse länger als zehn Minuten unbewegt bleibt, da sie in den ersten drei Tagen eine Flüssigkeit absondert, die eine feste Schicht auf der Masse bildet und sie für die Verarbeitung zu Wurst ungeeignet macht.

Nach drei Tagen die Masse 24 Stunden lang an einem gut durchlüfteten, aber nicht zu kühlen oder luftigen Ort abstellen. Nicht im Kühlschrank aufbewahren. Die Masse vor dem Abfüllen abschmecken. Eine Handvoll Targ-Masse einige Minuten in einer Pfanne mit siedendem Öl schwenken, dann abschmecken. Der Wrahkk sowie die Goor-Beeren dürfen sich noch nicht völlig zersetzt haben, damit sich der Geschmack der Masse in den folgenden Tagen noch erheblich intensivieren kann. Ein Zuviel an Gewürzen kann eine ungenießbare Targ-Wurst zur Folge haben. (Es ist im übrigen möglich und auch üblich, einen Teil der Targ-Masse sofort als kleine Mahlzeit anzubieten. Das geschieht normalerweise dann, wenn mehr Masse als Wurstdarm zur Verfügung steht – was wiederum regelmäßig der Fall ist.)

Beim Abfüllen muß darauf geachtet werden, daß die Masse nur locker eingefüllt wird, da sie sich nach dem Abfüllen noch ein wenig verdickt und unter Umständen die Wursthülle zerreißt. Ist das erst einmal geschehen, kann die Masse nicht mehr zur Wurst verarbeitet werden, da sie bereits aufgequollen ist. Es ist durchaus möglich, die Masse roh oder in siedendem Fett zu servieren.

Die mit der richtigen Menge Targ-Masse abgefüllten Würste werden in einen gut geheizten und vor allem extrem trockenen Raum gebracht, wo man sie auf einem speziellen Trockengestell für Targ-Wurst aufhängt. Ist ein solches Gestell nicht verfügbar, können die Würste auch auf jedem anderen Trockengestell aufgehängt werden, wobei unbedingt darauf zu achten ist, daß die Würste einen Abstand von mindestens zwei Zentimetern halten und sich nicht gegenseitig berühren. Die Luft soll alle Stellen gleichmäßig erreichen können. Nach zwei Wochen hat die Wurst unter dem Darm eine eigene Haut gebildet, der Darm kann aufgeschnitten und entfernt werden, die Würste bleiben nun weitere zwei Wochen hängen. Diese zweite Phase kann gegebenenfalls auch verlängert werden, da die Würste erst verzehrfertig sind, wenn ihre Haut unter mittlerem Druck des Zeigefingers und des Daumens nicht mehr nachgibt und wenn sie sich zusammenzuziehen beginnt. Die fertigen Würste werden in heißem Öl gebraten, dann in Bottichen eingelegt, deren Öl handwarm ist. Der Bottich wird versiegelt und mindestens eine Woche lang in einem kalten, dunklen Raum aufbewahrt. Die Würste werden in einem tiefen Teller zusammen mit einem Schöpflöffel Öl kalt serviert.

TRIBBLES-REZEPTE

Tribbles waren bis zum Jahr 2267 im klingonischen Imperium weitgehend unbekannt. Erst nach der bereits historischen Begegnung mit der Besatzung der U.S.S. Enterprise gelangten unzählige Tribbles an Bord eines klingonischen Kreuzers in das Imperium, wo sie bis zum Jahr 2274 irdischer Zeitrechnung zu einer Plage wurden. Erst der Meisterkoch Kr'tak entdeckte die kulinarischen Qualitäten der Tribbles. Die folgenden Rezepte sind seinem Standardwerk ›Die klingonische Küche‹* entnommen und werden hier erstmals veröffentlicht.
Da Tribbles im Bereich der Föderation unter Naturschutz stehen und jeglicher Handel mit ihnen verboten ist, drucken wir die folgenden Rezepte unter dem ausdrücklichen Hinweis auf dieses glücklicherweise bestehende Verbot ab.

TRIBBLES À LA K'TLAI

Man nehme einen noch unbenutzten Stahltopf, etwas Öl, salzige Fischsauce, süßen Loob-Wein und gemahlenen Ooos-Pfeffer. Die aus diesen Zutaten eingerührte

---

* ›Die klingonische Küche‹ von Kr'tak erschien erstmals 2289 in übersetzter Fassung, die Tribbles-Rezepte wurden dabei stets – aus nicht nachvollziehbaren Gründen – weggelassen, obwohl Kr'taks Sammlung zahlreiche andere Rezepte enthält, die gleichfalls in der Föderation nicht zum Verzehr freigegebene Zutaten enthalten.

Brühe lasse man unter ständigem Rühren kurz aufkochen. Von der Feuerstelle nehmen und einige Minuten stehenlassen, dann die gewaschenen Tribbles (man rechne 6 Tribbles pro Person) zugeben und bei kleiner Flamme leise köcheln lassen. Wenn die Tribbles gar sind – wenn sie also unter dem Druck einer Messerspitze leicht nachgeben –, mit Ooos-Pfeffer bestreuen und servieren.

Beachten Sie bitte, daß Sie diesen Stahltopf kein zweites Mal für die Zubereitung von Tribbles benutzen. Das Tribblehaar gibt einen Geruchsstoff ab, der mit den Haaren anderer Tribbles ein giftiges Gas erzeugt.

TRIBBLES À LA TRZASL'K

Getrocknete Tribbles kurz waschen, zwei Stunden lang in einer Salzlauge einweichen, in einem großen Topf mit einer Gewürzmischung nach eigenem Belieben sowie einem $1/4$ Liter Blutwein dünsten und nach weiteren zwei Stunden heiß servieren.

TRIBBLES À LA KOR'RAGH

Tribbles enthaaren und waschen, kochen, durch ein grobes Sieb geben, mit Mehl zu einer griffigen Masse verkneten, ausrollen und auf ein Backblech legen. Verschiedene Gewürzblätter hacken, mit Ooos-Pfeffer, ein wenig Öl und Kor'ragh-Eier (pro Person drei Eier) zu einer festen Sauce verrühren und auf die Teigmasse streichen. Im Ofen backen, bis die Sauce eine leichte braune Färbung annimmt. In Stücke schneiden und auf tiefen Tellern servieren; nach Belieben rote Vanillesauce darüber geben.

TRIBBLES À LA KLT'KARD

Tribbles zwei Wochen lang in Salzwasser einlegen, bis sie auf mindestens die zweieinhalbfache Größe angeschwollen sind. Dann mit einer Creme aus kandierten Fischaugen, feingeriebenem Trockensenf und Ooos-Pfeffer bestreichen und kalt servieren.

TRIBBLES À LA GAGH (Foto Seite 94)

Tribbles zerteilen und mit einem Fleischwolf zu feinem Gehacktem verarbeiten; dann zu Bällchen formen. Diese Bällchen in einen Topf mit heißem Gagh-Extrakt geben, kurz aufkochen lassen, kalt servieren.
Dazu sollte ein Glas heißes Wasser serviert werden, um zum einen den Geschmack der Tribbles nicht zu beeinträchtigen und zum anderen durch das heiße Wasser Enzyme freizusetzen, die eine raschere und gründlichere Verwertung der Vitamine bewirken.

ROMULANISCHE GERICHTE

Die romulanische Küche bietet größtenteils Fischgerichte in vielen Variationen an. Daß es sich dabei lediglich um eine Vermutung handelt, hängt damit zusammen, daß nur wenige Rezepte jemals außerhalb des romulanischen Imperiums bekanntgeworden sind. Auffallend ist, daß es sich nicht nur um extrem wenige Rezepte handelt, die in der einen oder anderen dubiosen Datenbank gefunden wurden, genauso bemerkenswert ist, daß diesseits der Neutralen Zone fast kein Interesse an der romulanischen Küche besteht.

Dieser Mangel an Information *und* an Interesse hat zwei Gründe: Da ist zum einen die Tatsache, daß die Romulaner eine weitgehend isolationistische Politik betreiben, so daß über die Romulaner an sich schon recht wenig bekannt ist – jedenfalls verglichen mit zahlreichen anderen Rassen im Universum. Durch diese Haltung der Romulaner sind die meisten Zutaten außerhalb des Imperiums ohnehin nicht erhältlich. Zum anderen können für die bekannten Rezepte keine Ersatzzutaten genannt werden, da über die jeweilige Zutat nichts bekannt ist, so daß man also nicht sagen kann, ob es sich um eine Süßspeise, um einen Appetithappen oder um ein vollwertiges Menü handelt. In den wenigen Rezepten, die es in den Bereich der Föderation geschafft haben, taucht vorwiegend Fisch auf, der nicht nur auf romulanischen Planeten beheimatet ist, sondern auch den Vulkaniern zumindest namentlich bekannt ist.

Ein anderer Grund für diese umfassende Ahnungslosigkeit über die Eßkultur und die Eßgewohnheiten unserer mysteriösen Nachbarn wird nur hinter vorgehaltener Hand erzählt, da die diplomatischen Konsequenzen bei einer konkreten Aussage in dieser Sache nicht unterschätzt werden dürfen. Zwar ist der Wahrheitsgehalt dieser Gerüchte unmöglich einzuschätzen, aber dem romulanischen Geheimdienst wird eine ähnliche Macht nachgesagt wie dem der Cardassianer. Auf jeden Fall halten sich hartnäckig Andeutungen, daß die wenigen, hier bekannten Rezepte vom romulanischen Geheimdienst Tal Shiar verbreitet wurden,

der für seine Verschlagenheit berühmt ist. Wenngleich der Beweis bislang nicht erbracht werden konnte, ist es durchaus denkbar, daß die Rezepte in der vorliegenden Form für Nicht-Romulaner tödlich sein können, weil der Tal Shiar möglicherweise lebensgefährliche Giftstoffe als offizielle Zutaten aufgenommen hat, Zutaten, von denen jeder

Kar-qoul (Rezept Seite 39)

Por-Ƀon

(Rezept Seite 43)

Plomeek-Suppe (Serviervorschlag mit Sehlat-Augen) (Rezept Seite 50)

Gefüllte Sehlat-Brust (Rezept Seite 53)

Romulaner weiß, welche Folgen sie für einen Organismus haben.

Die nachfolgenden Rezepte für romulanische Speisen werden daher ohne Gewähr hinsichtlich ihrer Richtigkeit und ganz besonders unter Hinweis auf ihre mögliche lebensgefährliche Zusammensetzung abgedruckt.

KAR-QOUL   (Fotos Seiten 35 und 91)

2 kg Kar-qoul
5 kleine Bündel Wahh-Kraut
5 Nehtol-Krals
8 Kos'hasei-Knollen
2 kleingehackte T'Nalla-Wurzeln
2 EL Kar-qoul-Sauce
3 Tassen Pa-gukh-Creme
16 Eier des Olibarthos
eine Handvoll Gewürze nach eigenem Geschmack

Zunächst wird der Fisch unter klarem, kalten Wasser gesäubert, dann mit Ldwal-Öl eingerieben und in mundgerechte Stücke geschnitten, nach Belieben auch in kleinere. Das Wahh-Kraut sehr fein schneiden, die Nehtol-Krals nicht ganz so fein schneiden; mit dem Wahh-Kraut vermischen. Die Kos'hasei-Knollen schälen, mit heißem Wasser abspülen und ebenfalls schneiden, feiner als die Nehtol-Krals, aber nicht so fein wie das Wahh-Kraut.

Diese Zutaten in einen Mörser geben und unter lang-
samem Zufügen der ebenfalls sehr fein gehackten
T'Nalla-Wurzeln zerstampfen. Dann ein wenig Ldwal-
Öl hinzufügen und verrühren, bis eine zähflüssige
Masse entsteht.

Diese Masse – zusammen mit eventuellen weiteren
Gewürzen – auf die Fischstücke geben und nach Belieben würzen.

Die Sauce aus gepreßtem Kar-qoul darübergeben, aus
dem Eiblau der Olibarthos-Eier und der Pa-gukh-Creme
einen Brei rühren und über den Fisch geben, wenn die
Kar-qoul-Sauce weitgehend eingezogen ist. (Das ist dann
der Fall, wenn die Oberfläche ihren Glanz verliert.)

Den kalten Fisch in einer kleinen Schale servieren, die
bis zum Rand gefüllt wird. Traditionell wird der Fisch
nicht mit den Fingern berührt, sondern direkt aus der
Schale mit dem Mund aufgenommen.

Alternativ kann der Fisch in eine stabile Folie gewickelt
werden, um ihn dann über heißem
Wasser zu erhitzen. Nach einer
Stunde die Folie öffnen, den
Fisch auf einem großen, vorgewärmten Teller ausbreiten und
mit einem Besteck verzeh-
ren. Eventuell mit Weß'ah
servieren, der so lange
gekocht sein sollte, daß
seine Körner weich sind
und zusammenkleben.

ERHITZTER KAR-ELT-LAF

Kar-elt-laf sind die Eier des Kar-qoul. Sie dürfen nur während der offiziellen Fangzeit zum Verzehr zubereitet werden.

Man nehme eine Suppenschüssel Eier, die in leicht gesalzenem Wasser verrührt worden sind, damit sie sich voneinander lösen.

Dazu ein mittleres Stück Fleisch vom Kar-qoul, das wegen der giftigen Grätenspitzen bereits entgrätet sein sollte. Dieses Stück kleinhacken. Die Menge sollte die leicht gewölbte Hand eines erwachsenen Romulaners zur Hälfte füllen. Erkaltetes Fett vom Gur'tu, kleingehackt, von der Menge einer Kugel, die von beiden Händen eines erwachsenen Romulaners geformt werden kann, wenn beide Hände gewölbt aneinandergelegt werden.

Eine getrocknete und von ihren Stacheln befreite Zitiak-Schote, die längere Zeit in heißem Wasser eingeweicht worden ist, eine Prise Prakka, vier kleingeschnittene Yggra-Zwiebeln, vier oder fünf sehr kleine frische rote oder grüne Prakka-Schoten, Gewürze nach Belieben.

Man nehme den kleingehackten Fisch und das kleingehackte Gur'tu-Fett und vermische beide gründlich, so daß sie einen Brei bilden. Den Prakka und das Mark der Zitiak-Schote beigeben und alles gut durchmischen, bis die einzelnen Substanzen so vermengt sind, daß sie eine einheitliche Masse bilden. Dann mit den Fingern eine Mulde in diese Masse drücken, so daß sie eine kleine, flache Schale bildet. In diese Mulde den Kar-elf-laf legen, darauf die Yggra-Zwiebeln. Das Ganze mit dem Mus der zermahlenen Prakka-Schoten sowie mit beliebigen Gewürzen bestreuen.

Mit einem leichten Tuch abdecken und stehenlassen. Die Verbindung von Kar-qoul und Gur'tu-Fett führt nach etwa einer halben Stunde zu einer chemischen Reaktion, bei der extreme Hitze freigesetzt wird, die aber einen so geringen Wirkungskreis hat, daß die Wärme nicht anderweitig benutzt werden kann. Für die Zubereitung von Kar-elt-laf reicht die Wärme indessen genau aus und es wäre unlogisch, sie nicht dafür zu nutzen. Nach einer weiteren Stunde kann das Tuch abgenommen werden, der Kar-elt-laf sollte heiß serviert und sofort verzehrt werden, da er beim Abkühlen sehr stark an Geschmack verliert.

POR-SSON (Foto Seite 36)

6 mittelgroße Por-ßons
1 l Kos'hasei-Wein
2 TL fein gemahlener T'lek
5 große Bündel Wahh-Kraut
1 TL geriebene T'Nalla-Schoten
3 Negg-Blätter
12 große Fremm
1 TL Pa-gukh-Konzentrat

Zunächst den Wein zum Kochen bringen, bis der Alkohol verdampft ist. Der markante Geschmack wird dadurch noch intensiviert. Nachdem der Wein zehn Minuten gekocht hat, vom Feuer nahmen. Die Por-ßons gründlich waschen und sorgfältig ausnehmen. Dann ebenso gründlich trocknen, mit Wahh-Kraut einreiben und ungefähr eine Viertelstunde ruhig liegenlassen.
Jeden Por-ßon in ein Stoffstück wickeln, mit Garn umwickeln, um den Por-ßon zusammenzuhalten. Es ist unbedingt darauf zu achten, daß das Garn nicht zu fest gewickelt wird, da der Por-ßon in der nachfolgenden Zubereitung um rund 20 % größer wird und das Garn zerreißen könnte.
Den gekochten und mittlerweile wieder abgekühlten Wein ein weiteres Mal erhitzen, die Por-ßons werden zugegeben, bevor er kocht. Nach einem kurzen Aufkochen 15 Minuten auf kleiner Flamme köcheln lassen, dann die Por-ßons herausnehmen und abkühlen lassen.

Sobald sie kalt sind, aus ihrem Stoffstück nehmen, die Haut abziehen und zurück in die Brühe geben, die dann ein weiteres Mal aufgekocht wird.

Während die Brühe kocht, den gemahlenen T'lek, die geriebenen T'Nalla-Schoten sowie die Negg-Blätter beigeben.

Unter ständigem Rühren auf großer Flamme kochen, bis drei Viertel des Weins verkocht sind. Die Fremm schälen, mit einer Gabel zerdrücken und portionsweise in die Brühe geben, bis sie dickflüssig wird.

Abkühlen lassen, die Por-ßons herausnehmen, auf vorgewärmte Teller legen. Das Pa-gukh-Konzentrat in die Brühe geben und zügig verrühren. Einige Minuten stehenlassen, bis sich auf der Brühe eine dünne Schaumschicht bildet. Dann die Brühe über die Por-ßons gießen, einige Minuten warten, bis die Flüssigkeit fest wird und eine pikante Geleeschicht bildet.

Wenn man sicher sein will, daß das Gelee gelingt, sollte man Por-ßon doppelt zubereiten, und zwar zur gleichen Zeit. Da der Por-ßon nie von gleichbleibender Festigkeit ist, braucht er zum Garwerden jedesmal unterschiedlich lange. Der Wein dagegen braucht stets die gleiche Zeit, um zu verkochen. Wird der Por-ßon aber zu lange gekocht, verliert der Wein zuviel Flüssigkeit; nachträglich kann kein Wein aufgefüllt werden.

So kann es passieren, daß der Por-ßon zwar servierfertig ist, der Wein aber mit all seinen Zutaten nicht mehr gelieren kann. Um das zu vermeiden, sollte man in einer parallel verlaufenden Zubereitung Por-ßon-Reste kochen, deren Festigkeit vom Händler festgestellt wurde. Über die Relationstabelle im Anhang VI* läßt sich dann errechnen, wie lange der Por-ßon gekocht werden muß. So kann man die zu servierende Portion ohne Rücksicht auf den Wein garkochen und dann mit dem Wein aus der anderen Zubereitung begießen.

KOS'HASEI-SUPPE

1 l Wasser
0,5 l Kos'hasei-Wein
80 g geriebene Fremm
25 g T'Lek
1 Ei des Olibarthos
1 Stange ßimm

Das Wasser zunächst auf kleiner Flamme erhitzen, dann den Fremm und die ganze Stange ßimm dazugeben, zum Kochen bringen, bis der ßimm sich vollständig aufgelöst hat. T'Lek gleichmäßig unter ständigem Rühren zugeben. Den Topf vom Feuer nehmen und den Dotter des Olibarthos-Eis hinzufügen, nicht rühren. Abkühlen lassen. Wenn das Wasser mit den Zutaten handwarm ist, den Kos'hasei-Wein zugeben. Es ist unbedingt darauf zu achten, daß die Flüssigkeit nicht

---

* Hier nicht abgedruckt.

mehr kocht, da sie sonst das Aroma des Weins zerstört, das der Suppe den besonders milden Geschmack gibt. Das Eiweiß wird in einer separaten Schüssel geschlagen, bis es so fest ist, daß man daraus kleine Klöße formen kann. Diese in die Suppe geben, einige Minuten lang erhitzen (nicht kochen!), dann heiß servieren.

TOR-PETH (Foto Seite 93)

Tor-Peth ist das eigenartigste aller uns bekannten romulanischen Rezepte. Obwohl sich in den letzten Jahrzehnten mehrere Sprachwissenschaftler und Meisterköche damit befaßten, kommen alle zu dem erstaunlichen Ergebnis, daß offenbar keine der verwendeten Zutaten die Zubereitung übersteht und letztlich nichts mehr übrigbleibt. Man benötigt:

einen halben Jharr, mindestens 1 kg schwer
1 EL Rabit'ha
2 Becher Opro-Kohl
mehrere Liter Jharr-Fett

Der Jharr wird in kleine Stücke geschnitten und dann in einer großen Pfanne geschmort, die mindestens sechs Liter Jharr-Fett faßt. Den Jharr zunächst in die leere Pfanne legen, dann das Fett hinzugeben, bis ein Rand verbleibt, der nicht breiter als die Hälfte einer Fingerbreite ist.

Der Rabit'ha muß frisch gepflückt sein. Er wird über einem offenen Feuer kurz angeröstet, dann fein zermahlen und zusammen mit dem gewaschenen und in dünne Streifen geschnittenen Opro-Kohl dem Jharr zugefügt.

Dann den Jharr mit allen Zutaten bei großer Hitze braten, bis soviel Flüssigkeit aus dem Fett verkocht ist, daß der Jharr nur noch gerade eben mit Jharr-Fett bedeckt ist. Nachdem das Fett abgekühlt ist, Wasser bis an den Pfannenrand nachfüllen. Bei schwacher Hitze mehrere Stunden kochen lassen, bis der Jharr gar ist. Ob er gar ist, stellt man fest, indem man ein kleines Stück aus der Pfanne nimmt und in eine Schale mit Epp-Säure legt. Wenn das Stück innerhalb weniger Sekunden völlig aufgelöst ist, ist es gar. Dann alle Stücke aus dem Fett nehmen und wegwerfen. Man kann sie auch längere Zeit in einem gut belüfteten Topf aufbewahren, bis sie soweit zerfallen sind, daß ihr Geruch die Che'bra-Fliege abhält. Das Fett mit den Zutaten wird weggeschüttet, bevor es erkaltet und eine gegen alle Lösungsmittel resistente Haut bildet.

Tor-Peth wird mit einer ausreichenden Menge romulanischen Ales serviert.

VULKANISCHE GERICHTE

Seit dem Ende der Barbarei auf Vulkan und dem Siegeszug der Logik war es nur eine Frage der Zeit, bis für alle Speisen exakte Zubereitungsanweisungen festgelegt wurden. Während die Rezepte der frühvulkanischen Phase in ihren Angaben so ungenau sind wie die der Klingonen, ist die vulkanische Küche heute die exakteste der Föderation und aller anderen bekannten Lebensformen, erfordert von jedem Koch allerdings größte Aufmerksamkeit und äußerste Konzentration. Mengenangaben sind stets exakt einzuhalten, Garzeiten dürfen in keinem Fall über- oder unterschritten werden – jedenfalls nicht bei solchen Anlässen, bei denen Vulkanier zum Essen eingeladen sind.

Wegen dieser strengen Vorgaben wagen sich nur wenige Meisterköche an die Zubereitung vulkanischer Speisen. Sie überlassen diese Aufgabe vorzugsweise den Replikatoren, zumal es bei einer fehlerfreien Mahlzeit von einem Vulkanier – logischerweise – kein Lob gibt, da es für ihn selbstverständlich ist, daß die Anweisungen exakt beachtet werden. Zwar gibt es im umgekehrten Fall keine Äußerungen über eine mögliche Unzufriedenheit, aber der Koch kann sicher sein, daß nie wieder ein Vulkanier bei ihm essen wird.

Überraschend und bis heute ungeklärt ist die Tatsache, daß trotz aller Logik zahlreiche Zutaten offensichtlich ausschließlich wegen ihres Aromas verwendet werden, nicht jedoch wegen ihres Nährwerts.

PLOMEEK-SUPPE (Foto Seite 37)

Diese Suppe ist eine Art ›Nationalgericht‹ auf Vulkan, sie ist nahrhaft und ausgesprochen wohlschmeckend. Für eine für 2 Personen ausreichende Menge benötigt man:

63 g Fett
39 g Taleeh-Mehl
0,988 l klare Brühe
44 g Plomeek-Würzmischung
623 g frisches Plomeek

Das Fett in einem Suppentopf der Klasse IVa auf 89,3 °C erhitzen, das Taleeh-Mehl zügig unterrühren, dann den Topf vom Herd nehmen. Kalte klare Brühe in kleinen Portionen von jeweils 64 g dazugeben und ständig mit dem Schneebesen bei mindestens vierzig Umdrehungen in der Viertelminute rühren. Den Topf nach 6,2 Minuten wieder auf den Herd setzen, die

Suppe unter häufigem Umrühren auf 94,5 °C erhitzen, aus den gewaschenen und gut abgetropften Plomeek acht ganze Stücke mit einem Gewicht von jeweils mehr als 30 g zur Seite legen, den Rest kleinschneiden, dazugeben und 5,54 Minuten bei einer Temperatur von 102,3 °C kochen lassen. Die Suppe durch ein Sieb streichen oder im Mixer zerkleinern, mit den ganzen, aussortierten Plomeek als Einlage servieren.

SEHLAT-HERZ

1 Sehlat-Herz, mindestens 480 g Gewicht
2 Tommks mit einem Umfang von mindestens 16,4 cm und
höchstens 17,8 cm
27 g Fett
0,124 l Wasser
0,112 l Sorek-Wein
0,8 g Trockensalz
12 g Verrt-Pfeffer
70 g Taleeh-Mehl

Das Sehlat-Herz mit einem sehr scharfen Messer in zwei gleich schwere Hälften schneiden (sie müssen nicht gleich groß sein, da die Herzkammern des Sehlat so unterschiedlich groß sind, daß – je nach ausgeführtem Schnitt – bei zwei gleich großen Hälften das Gewicht im Verhältnis 80 zu 20 aufgeteilt sein kann); in

einen auf mindestens 70 °C vorgeheizten Ofen legen. Die Tommks werden in jeweils neun gleich große Teile geschnitten und mit jeweils 1,5 g Fett bestrichen auf die Herzhälften gelegt. Den Ofen auf 122 °C erhitzen und nach 15,1 Minuten mit dem Wasser übergießen, weitere 9 Minuten braten. Dann mit dem Sorek-Wein übergießen, mit Trocken-Salz und Verrt-Pfeffer würzen und bei abgestellter Hitze weitere 8,6 Minuten ziehen lassen. Die aus dem Herz austretende Flüssigkeit in einer Pfanne auffangen, das Taleeh-Mehl unterrühren, bis eine kompakte Sauce entsteht.

Das Herz aus dem Ofen holen, auf die Teller verteilen und mit der Sauce übergießen.

GEFÜLLTE SEHLAT-BRUST

(Foto Seite 38)

3 kg Sehlat-Brust
42 g Trockensalz
41 g Fett
30 g Sehlat-Fett
1 Ei mit einem Mindestgewicht von 25 g
210 g Mehlbrot der Klasse b2
0,55 l Milch
37 g Gach-Kraut
20 g Taleeh-Mehl

Von der Sehlat-Brust vorsichtig die Rippen auslösen; das Fleisch darf keine Risse bekommen, und es dürfen sich keine Fasern lösen. In die äußere Fleischschicht eine Tasche einschneiden und mit der Masse füllen, die man zuvor aus dem Ei, dem geriebenen Mehlbrot und der Milch angerührt hat.

Dann die Tasche verschließen. Das Fleisch mit den restlichen, vermischten Zutaten einreiben und in den Ofen legen, der auf 211°C erhitzt wird. Das Fleisch 47 Minuten lang bei dieser Temperatur backen, alle 6 Minuten Wasser (mind. 0,05 l) über das Fleisch gießen, damit es nicht austrocknet.

Die Oberhitze des Herdes muß um 15°C reduziert werden, wenn die Haut der Sehlat-Brust beim Berühren mit einem Messer nicht nachgibt, da ansonsten die Gefahr besteht, daß die Haut einreißt und das Fleisch unkontrolliert austrocknet.

Vor dem Servieren die Tasche öffnen und das Fleisch gleichmäßig mit 12 g Gach-Kraut bestreuen.

Die Sehlat-Brust kann anstelle einer Mehlbrotmasse auch mit einer Fleischmasse gefüllt werden.

Dafür benötigt man:

175 g Sehlat-Fleisch aus der Schulter

175 g Plomeek

30 g Trockenbrot

20 g Fett

1 Ei mit einem Mindestgewicht von 18 g

70 g Verrt-Pfeffer

Das Sehlat-Fleisch durch den Fleischwolf drehen, Plomeek in feine Streifen von jeweils 8 g Gewicht schneiden. Das Trockenbrot reiben. Alle Zutaten mit Fett, Ei und Verrt-Pfeffer zu einem Teig kneten; in die eingeschnittene Tasche füllen.

Katakk-Fisch (mit verschiedenen Farbstoffen) (Rezept Seite 59)

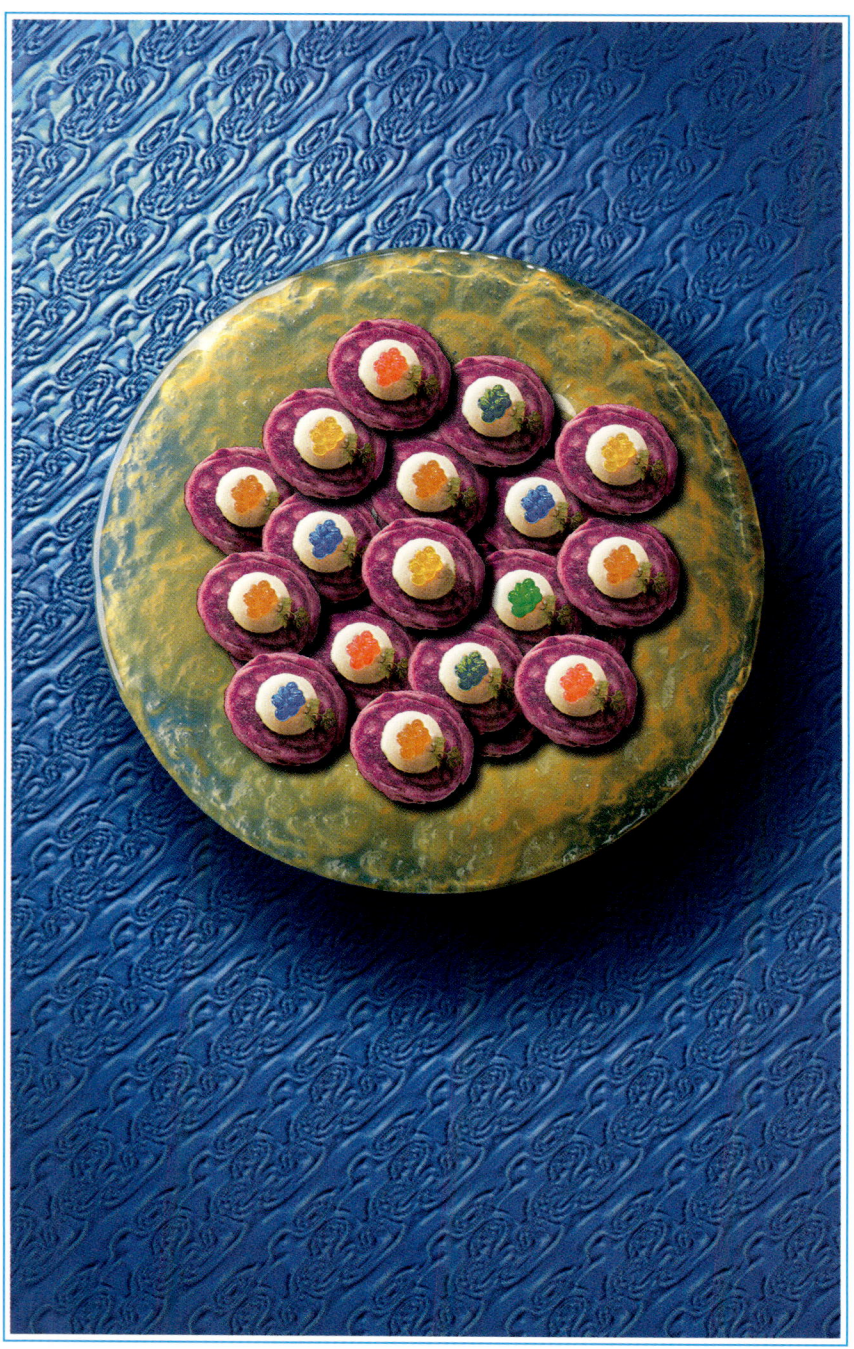

Hasperat als Hors d'œuvre (Rezept Seite 64)

MILCHREIS

(für 25 Personen)

3 l Milch der Fettstufe 8
500 g Mehrzweckreis
15 Helk-Erbsen
12 S'ava-Stangen, Volumen etwa 32,5 cm³
3 große Kamon-Schoten
einige gehackte Srattas
4 in Scheiben geschnittene Langfrüchte
eine gute Portion Rohf-Zucker

Milchreis ist eine der wenigen Süßspeisen der Vulkanier und damit ein scheinbar ungewöhnliches Rezept. Tatsächlich ist es aus den Zeiten überliefert, als man noch daran glaubte, durch Rituale die Götter gütig stimmen zu können.

Die Ursprünge des Rezepts sind daran zu erkennen, daß es für Milchreis keine exakt festgelegte Zubereitungsanweisung gibt, sondern daß ein eher konventionelles Rezept benutzt wird. Am Morgen vor einer Schlacht versammelten sich die Krieger am Rand des Schlachtfeldes und plazierten den Kessel auf einer aus Holzstämmen montierten Haltevorrichtung; der Nullpunkt des Kessels wurde dabei auf die Richtung ausgerichtet, in der man angreifen würde.

Die Milch langsam erhitzen, bis sie beginnt aufzuwallen, dann den Reis hinzugeben und gleichmäßig umrühren, bis die Flüssigkeit spürbar an Festigkeit gewinnt.

Die Helk-Erbsen in Wasser einlegen; wenn sie ausreichend aufgegangen sind, in die Milch geben. Die S'ava-Stangen reiben und unter gleichmäßigem Rühren in die Milch geben. Dann die Kamon-Schoten schälen, die Kerne entfernen, das Fruchtmark in die Milch geben. Dann den Topf stärker erhitzen, bis die Milch mit den Zutaten eine feste Haut bildet.

Die Srattas mit den Langfrüchten zusammen zu einem Brei stampfen und in die Milch geben, auf keinen Fall umrühren. Danach das Feuer löschen und den Milchreis abkühlen lassen. Wenn er zähflüssig ist, auf die Teller geben und nach Bedarf mit Rohf-Zucker bestreuen.

Die Verwendung von Helk-Erbsen sollte sich auf solche aus den nördlichen Regionen des Planeten beschränken, da diese einfacher zubereitet werden können. Sie müssen nur gewaschen werden und sind dann sofort als Zutat verwendbar.

Aus südlichen Regionen stammende Helk-Erbsen müssen zunächst geröstet werden, bis die Schale schwarz, aber noch nicht hart ist. Dann schälen und einweichen, bis sie im Wasser mindestens die dreifache ursprüngliche Größe angenommen haben. Danach können sie verarbeitet werden.

KATAKK-FISCH

(Foto Seite 55)

Katakk-Fisch ist so vulkanisch, wie man sich ein Gericht nur vorstellen kann. Mit anderen Worten: man kann es nur essen, wenn man außer an die Tatsache, daß man alle lebensnotwendigen Spurenelemente, Vitamine usw. zu sich nimmt, an nichts denkt. Charakteristisch für Katakk-Fisch sind sein ekelerregender Geschmack, seine unansehnliche Farbe und sein bitterer Nachgeschmack, der noch Stunden anhält und von keinem noch so starken alkoholischen Getränk weggespült werden kann; das Erscheinungsbild ist für empfindliche Gemüter am ehesten als abscheulich zu bezeichnen. Katakk-Fisch verursacht bei den meisten Nicht-Vulkaniern regelmäßig Magen- und Darmbeschwerden. Vorsorglich sei darauf hingewiesen, daß ein Gang zum Arzt sinnlos ist, es sei denn, man möchte sich den Mageninhalt per Transporter entfernen lassen. Es gibt nämlich kein Mittel, das die Verwertung des Katakk-Fischs beschleunigen kann. Beim Verzehr von Katakk-Fisch sollte ein Arzt anwesend sein, da der ›Genuß‹ Nebenwirkungen wie Kreislaufzusammenbruch und Herzstillstand auslösen kann.

Für Vulkanier ist der Verzehr von Katakk-Fisch lediglich eine logische Konsequenz, da man auf diese Weise nach entsprechender Zubereitung des Fisches alle erforderlichen Rohstoffe erhält, die der vulkanische Organismus benötigt. Seine schwere Verdaulichkeit bedeutet für die Vulkanier zurecht, daß diese Nahrung so intensiv wie nur möglich für den Körper genutzt wird.

Getrockneter Katakk-Fisch findet üblicherweise bei längeren Expeditionen oder bei langen Meditationsphasen Verwendung, da er in diesem Zustand über Monate hinweg haltbar ist.

Der Fisch wird in rohem Zustand getrocknet und gesalzen, dann legt man ihn in eine Tonne, in der er über einen Zeitraum von mindestens zehn Tagen gewässert wird. Er gibt bei dieser Wässerung einen extremen, fauligen Geruch ab, der nach dem zehnten Tag deutlich abnimmt. Sollte das nicht der Fall sein, so muß der Katakk-Fisch weiter gewässert werden. Das Wasser sollte während der gesamten Zeit mehrmals täglich gewechselt werden. (Es muß nach der Benutzung so wie Abwasser entsorgt werden und darf nicht in Gewässer eingeleitet werden. In der Katakk-Hauptfangzeit wird empfindlichen Nasen geraten, einen Besuch auf Vulkan zu vermeiden, da die Luft fast überall von dem fauligen Katakk-Geruch geprägt ist. Auf jeden Fall sollte man die nähere Umgebung der Fischfabriken meiden, da dort in Spitzenzeiten bis zu 400 000 Katakk-Fische gleichzeitig gewässert werden.)
Nach dem Wässern den Fisch an der Luft trocknen, dann von einer Seite her einschneiden, so daß eine Art Tasche entsteht. Danach den Katakk-Fisch weitere vier Tage wässern, diesmal aber unter fließendem Wasser.
Wenn der Katakk-Fisch nicht mehr so intensiv riecht, ist mit der Zubereitung fortzufahren. Den Fisch in einen

Topf mit kaltem Wasser legen, dann zum Kochen bringen.

Pro Person 74 g Karof-Rüben kochen, bis sie weich sind. Auf diese Menge kommen 224 g Katakk-Fisch pro Person (in getrockenetem Zustand). Den Fisch nach dem Kochen gründlich abtrocknen und mit den Karof-Rüben zu einem dicken Brei vermengen. Die so entstandene Masse bei original vulkanischer Zubereitung nicht würzen, ansonsten mit verschiedenen Gewürzen das Aroma ein wenig verbessern. Durch Hinzufügen mehrerer Pellar-Eier (ohne Eiweiß) kann man die Verträglichkeit des Katakk-Fischs ein wenig verbessern, Sahne hat den genau gegenteiligen Effekt. Die Masse in einem großen Kochtopf bei einer konstanten Temperatur von 95,5 °C halten. Nach 7 Minuten bis zum Siedepunkt erhitztes Becht-Öl langsam verrühren, dabei 2 kg Kartoffeln für 0,55 Liter Becht-Öl verwenden. Auf Becht-Öl sollte nicht verzichtet werden, da es 12 % des Geruchs bindet und den Genuß des Katakk-Fisches somit ein wenig erträglicher macht. Becht-Öl sollte kurz vor der Zubereitung des Katakk-Fischs gewonnen werden, um den frischen Geschmack zu bewahren. Konserviertes Becht-Öl oder Öl

aus vakuumverpacktem Becht ist weniger empfehlenswert, von der Verwendung eines anderen Öls wird
dringend abgeraten.

Bei einem Essen, bei dem Katakk-Fisch gereicht wird,
gibt es keine Vor- und Nachspeise, da verschiedene
Vitamine des Katakk-Fisches sich mit anderen Vitami-
nen aus anderen Lebensmitteln zu Ketten zusammen-
schließen können, die die Zahl der Leukozyten dra-
stisch ansteigen läßt. Während des Essens muß der Katakk-Fisch permanent kochendheiß gehalten werden.
Es ist darauf zu achten, daß das Gericht, wenn es auf
den Herd zurückgestellt wird, dauernd umgerührt wird,
damit der Fisch nicht anbrennt.

Es sei nochmals darauf hingewiesen, daß insbesondere
für irdische Verhältnisse Katakk-Fisch in keiner Weise
als schmackhaft bezeichnet werden kann. Personen,
die wegen Magenbeschwerden in Behandlung sind,
sollten vom Verzehr absehen. Der Replikator auf Deep
Space Four ist das einzige bekannte Gerät in der Föderation, das für die Herstellung von Katakk-Fisch pro-
grammiert worden ist. Hier ist es möglich, eine Variante
zu bestellen, die in Aussehen, Geschmack und Geruch
dem Original nicht nachsteht, aber deutlich verträg-
licher ist.

BAJORANISCHE GERICHTE

Den Überlieferungen nach war die bajoranische Küche vor relativ kurzer Zeit reichhaltig und abwechslungsreich. Jede Mahlzeit wurde sehr bewußt zubereitet und verzehrt, da sie von den Propheten gesegnet war. Nach der Besetzung durch die Cardassianer kam es zu einem grundlegenden Wandel in der Kochkunst. Die Cardassianer setzten viele Nahrungsmittel auf schwarze Listen, da sie gegen sie allergisch waren. Da die Bajoraner dies erkannten und versuchten, heimlich diese Lebensmittel gegen die Cardassianer einzusetzen, entschieden diese kurzerhand, alle Vorräte zu vernichten und die jeweilige, den Rohstoff liefernde Pflanze auszurotten. So kam es, daß ein Großteil der Rezepte, sofern sie nicht von den Cardassianern verbrannt wurden, Zutaten erfordert, die nicht mehr existieren.

Von Hungersnöten bedroht gingen immer mehr Bajoraner dazu über, bajoranische und cardassianische Zutaten zu verwenden, um überhaupt etwas essen zu können. Dieser Einfluß ist nicht ohne Folgen geblieben; die heutige bajoranische Küche ist zum Teil sehr stark von cardassianischen Elementen geprägt.

HASPERAT (Foto Seite 56)

Hasperat ist *das* bajoranische Universalgericht; es kann als kleine Mahlzeit zwischendurch, als Sandwich oder als Teil eines Festmenüs serviert werden. Hinzu kommt, daß es kein festes Rezept für Hasperat gibt. Jeder Bajoraner kennt eine andere Variante, das nachfolgende Rezept vereint die Zutaten und Zubereitungsanleitungen, die wir am häufigsten feststellen konnten.
Für ein Hasperat-Menü für sechs Personen benötigt man:

2 kg Garook-Fleisch aus dem Schinken
2–3 EL Fett aus dem Garook-Fleisch
500 g Rusk-Kartoffeln
12 Stangen Ameliz-Caloniant
650 g Siggert
Grajup-Pfeffer
1/4 l klare Brühe
Prach-Lauch

Das Garook-Fleisch in große Würfel schneiden und im heißen Fett von allen Seiten kurz anbraten. Dann die Hitze reduzieren, die Rusk-Kartoffeln in dünne Scheiben schneiden, die Ameliz-Caloniant-Stangen ebenfalls in feine Streifen schneiden; beides auf das Fleisch schichten. Darauf eine dicke Lage Grajup-Pfeffer streuen, dann den Topf bis knapp unter den Rand mit heißer Brühe auffüllen. Das Ganze etwa 90 Minuten lang auf mittlerer Hitze kochen, bis das Fleisch gar ist. Da das Garook-Fleisch erhebliche Mengen Flüssigkeit aufnimmt und dabei aufquillt, sollte man alle 15 Minuten prüfen, ob noch genügend Flüssigkeit im Topf ist. Gegebenenfalls nachfüllen. Dann Siggert und Prach-Lauch zugeben und weitere 30 Minuten auf kleiner Flamme ruhig köcheln lassen. Hasperat anschließend sofort heiß servieren. Das Gericht kann mit Namplas-Kraut bestreut und mit ein wenig Koboscreme bestrichen werden.

HASPERAT-CANAPÉS

8 längliche Scheiben Brot (Sorte nach Belieben)
10 TL Tapek-Sauce
3–4 große Pilze
1 Eßlöffel Fett
Wiik-Salz
Papra-Schoten
50 g geriebener Preßkäse
20 g Ratta-Pulver
1 Tasse Klahh

Hasperat wie oben beschrieben zubereiten; pro Canapé sollte man einen Eßlöffel Hasperat nehmen. Die Rinde des frischen Brotes abschneiden und austrocknen lassen, so daß sie für ein anderes Gericht ge-

rieben werden kann. Das Brot auf einer Seite in einer ungefetteten Pfanne erhitzen, bis es dunkelbraun und fest ist. Abkühlen lassen und die helle Brotseite mit der Tapek-Sauce bestreichen.

Die Pilze in Scheiben von mittlerer Dicke schneiden und in einer Pfanne mit ein wenig Fett anbraten. Hasperat dazugeben und verrühren. Mit Wiik-Salz würzen und abschmecken. Die so entstandene Masse wird gleichmäßig auf die Brotscheiben verteilt. In einen kalten Raum stellen. Aus Preßkäse, Ratta-Pulver und Klahh eine Creme anrühren und auf die mit Hasperat belegten Brotscheiben geben.

KOBOSCREME

Koboscreme wird aus der frischen Kobosnuß gewonnen. Man weicht dazu frisch geriebenes Kobosfleisch in Wasser oder in der Milch der Kobosnuß ein und preßt es anschließend. Diese Creme ist sehr fest und bedarf je nach Verwendung einer Verdünnung. Rührt man einer Menge von 100 g Koboscreme ca. $1/4$ Liter heißes Wasser unter, entsteht eine dickflüssige Creme, die sich vor allem als Brotaufstrich eignet. Nimmt man $3/4$ Liter Wasser, so erhält man eine recht dünnflüssige Creme, die – ähnlich einer Sauce – auf Beilagen gegeben werden kann.

TOMAR-SUPPE

450 g Tomar-Filet
6 Streifen Fettspeck
1 große Zwiebel
100 g Beeg-Nudeln

Den Fettspeck in kleine Stücke, die Zwiebel in kleine Würfel schneiden. Zusammen in einer Pfanne mit wenig Fett anbraten, bis die Zwiebelwürfel glasig sind und der Fettspeck eine leichte braune Färbung angenommen hat. Das Tomar-Filet im tiefgekühlten Zustand reiben und in die Pfanne geben. Mit Wasser bis zur Hälfte auffüllen und eine halbe Stunde lang bei mittlerer Hitze regelmäßig umrühren. Dann die Beeg-Nudeln zugeben, 15 Minuten kochen lassen und servieren.
Reste können ungekühlt aufbewahrt und beliebig oft aufgewärmt werden.

GEMAHLENES GAROOK

450 g frisches Garook-Fleisch
2 große Rusk-Kartoffeln
5 große Zwiebeln
100 g frischer Korianderzwiebeln
1 Stange Iddo
2 Kugeln Preßkäse
2 TL geriebene Papra-Schote
1 EL Klahh-Essenz (70 %)
1 Zitrone
1 Eßlöffel Tapek-Sauce

Das Garook-Fleisch durch den Wolf drehen, es sollte nicht zu fein sein. Die Rusk-Kartoffeln in dünne Scheiben schneiden und in einer gut gefetteten Pfanne anbraten, bis sie eine dunkelbraune Färbung annehmen. Dann trocknen und zu Pulver zermahlen, das unter das Fleisch gerührt wird. Alle anderen Zutaten in sehr kleine Stücke schneiden und mit der Klahh-Essenz verrühren. Die blaue Schale der Zitrone wird gerieben zugefügt, dann der Saft der Zitrone. Das Fleisch auf einem großen Teller anrichten, die vermischten Zutaten darüber geben. Das Rohfleisch mit ein wenig Tapek-Sauce versehen servieren.

GEMÜSESALAT

(Foto Seite 73)

Dieses Rezept stammt noch aus der Zeit vor der cardassianischen Besetzung und ist mehr aus historischen Gründen enthalten. Die meisten Gemüsesorten, die für diesen Salat benötigt werden, wurden von den Cardassianern aus den oben ausgeführten Gründen ausgerottet.

Für den Salat benötigt man:

1 große Maa-Rübe

1 Bündel Etkah-Schoten

3 kleine, noch nicht ganz reife Klahh

1 Tasse Barish

5–8 mittelgroße Stangen Ameliz-Caloniant

1 Tasse Kespa

3 EL geriebene Rusk-Kartoffel

1 TL Mischgewürz

1/2 l Pflanzenöl

Die Maa-Rübe und die Ektah-Schoten einige Tage in kaltem Wasser einweichen, dann in feine Streifen schneiden und in eine große Schüssel geben. Die Klahh kurz in der Pfanne dünsten, dann in Achtel schneiden. Ebenfalls in die Schüssel geben.

Das Barish dazugeben, einige Minuten ziehen lassen und gründlich umrühren, dann weitere zwei Stunden ziehen lassen.

Fein geschnittene Ameliz-Caloniant, Kespa und Rusk-Kartoffel in einer zweiten Schüssel verrühren, Mischgewürz und Öl zugeben. Nach einer Viertelstunde die beiden Zubereitungen in eine große Schüssel umfüllen, kurze Zeit kühl stellen. Dann servieren.

CARDASSIANISCHE GERICHTE

Die Speisen der Cardassianer reflektieren deutlich ihre Lebensart. Sie sind frei von Spielereien und auf ihre grundlegende Struktur reduziert; oft sind die Zutaten von irritierender Vielfalt, da sowohl extrem scharfe Zutaten als auch extrem süße Zutaten verwandt werden. Damit erreichen die Cardassianer auch, daß sie in ihren Speisen die wesentlichen Elemente erkennen können, was bei vielen gleichartigen Zutaten zweifellos nicht mehr möglich wäre.

Das extremste Beispiel, das diese Besonderheit illustriert, ist die Yamok-Sauce, die für irdische Geschmacksnerven eine Beleidigung darstellt. Für die Cardassianer verkörpert sie dagegen das Ideal, das sie in allem, was sie erschaffen, zu erreichen versuchen.

TUSPAKH-EIER

Tuspakh-Eier sind wie alles, was die Cardassianer schätzen, funktionell und von besonderer Ästhetik. Das Ei des Tuspakh ist so ausgewogen, daß es aufrecht auf eine ebene Unterlage gestellt werden kann und in dieser Position verharrt. Die Schale ist von einer Art Gitternetz durchzogen, das dem Ei die ungewöhnliche Stabilität verleiht und das bis zu einem gewissen Grad deformiert sein kann, ohne zu zerbrechen. Der Grund dafür liegt in der Angewohnheit des Tuspakh, auf terrassenartigem Untergrund zu brüten, auf dem die Eier immer wieder aus dem inneren Gleichgewicht geraten und Stürze von bis zu einem halben Meter aushalten müssen.

Für den ästhetikbegeisterten Cardassianer bedeutet das nicht nur ein Objekt von besonderer Schönheit, zugleich repräsentiert es die Funktionalität, zu der die Cardassianer eine nur bei wenigen Kulturen existierende ausgeprägte Beziehung haben.

Die Vielfalt der Zubereitungsmöglichkeiten für Tuspakh-Eier ist grenzenlos, wobei zu berücksichtigen ist, daß in der cardassianischen Kultur auch das Verzehren eines Tuspakh-Eis während eines bestimmten Rituals bereits als eigenständiges Rezept angesehen wird.

Die Kochbuch-Reihe ›Tuspakh-Eier‹ umfaßt mittlerweile mehr als siebzig Bände, von denen jeder einen Umfang von weit über 500 Seiten hat. Stell-

Hasperat als Hors d'œuvre (Rezept Seite 64)

Katakk-Fisch (mit verschiedenen Farbstoffen) (Rezept Seite 59)

vertretend für viele andere nachfolgend nun ein paar besonders beliebte Rezepte.

GEFÜLLTE TUSPAKH-EIER

Man nehme 15 Eier, von denen 14 zunächst gekocht werden, bis die Schalenstruktur deutlich hervortritt. Dann werden sie auf einem Teller plaziert, um abzukühlen.

150 g Louk-Käse fein reiben, der Käse muß mindestens vier Monate alt sein und sollte vor dem Reiben wenigstens eine Woche an der frischen Luft gelegen haben, um völlig auszutrocknen. Dem geriebenen Käse wird Maran beigefügt. Das Maran sollte nach Möglichkeit frisch gekauft sein, gegebenenfalls kann auch aufgetautes Tiefkühl-Maran genommen werden. Von getrocknetem Maran ist prinzipiell abzuraten, da es zuviel Wasser aufnimmt, um die eigentliche Elastizität wiederherzustellen. Dabei geht viel Aroma verloren.

Die inzwischen abgekühlten Eier werden vor einen Scanner gehalten, um die Position des erkalteten Dotters festzustellen. Das Ei wird so durchgeschnitten, daß der Dotter genau halbiert wird. Die festen Dotter aus beiden Hälften entnehmen und in die Käse-Maran-Mischung geben. Dann zerdrücken und sorgfältig mischen. Das verbliebene rohe Ei aufschneiden, Eidotter und ein wenig Eiweiß in die Schüssel zu der Mischung geben und langsam unterrühren, bis eine elastische, aber feste

Masse entsteht. Mit einem Messer nun soviel Masse entnehmen, daß die in den halbierten Eiern durch die Entnahme des Dotters entstandenen Löcher gefüllt werden. Die harten Eihälften schließlich wieder zusammensetzen, wobei sie zuvor mit ein wenig zurückgehaltenem Eiweiß aus dem nicht gekochten Ei bestrichen werden. Nach wenigen Minuten sind die beiden Hälften wieder verbunden, die Eier können geschält werden.

Sie werden sodann in einer mit Fett gefüllten Pfanne gebraten, bis sie eine tiefgelbe bis blaßbraune Farbe angenommen haben. Dann die Eier servieren und mit Yamok-Sauce übergießen.

TUSPAKH-EIER IN EIERCREME

2 l Muol-Milch
8 ganz frische Tuspakh-Eier
1 kleines Stück nicht zu trockene Yeleel-Wurzel (Größe etwa die Hälfte eines kleinen Fingers)

Zunächst die Milch langsam zum Kochen bringen, vom Herd nehmen, wenn sie aufzuwallen beginnt. Dann die Hälfte der Yeleel-Wurzel dazugeben und das Ganze abkühlen lassen, ohne umzurühren.

Die Eier öffnen und das Eiweiß vom Dotter trennen. Das Eiweiß wird für dieses Rezept nicht benötigt. Da es aber sehr wertvoll ist, sollte man es in ein Gefäß füllen, das

möglichst wenig Platz für Luft läßt, damit der Sauerstoff nicht wertvolle Proteine im Eiweiß zersetzt. Die Dotter schaumig rühren und durch ein Sieb in eine Schüssel geben. Dann die geschlagenen Eidotter mit der abgekühlten Milch vermischen, das Ganze erneut auf sehr kleiner Flamme aufsetzen und langsam zum Kochen bringen, bis die Flüssigkeit leicht cremig wird. Dann vom Herd nehmen, da ansonsten die Creme gerinnt.
Die zweite Hälfte der Yeleel-Wurzel zu einem feinen Pulver verreiben und unterrühren.

TUSPAKH-EIER IN YAMOK-SAUCE

(Zutaten für eine Person)

6 besonders große Tuspakh-Eier
4 Scheiben getrocknetes Vaalo-Brot
2 große Megan-Zwiebeln
1 l cardassianischer Rotwein
3/4 l Wasser
Yamok-Sauce in ausreichender Menge

Zunächst die Megan-Zwiebeln schälen, gründlich waschen und in kleine Würfel schneiden. Dann in einem hohen Topf Öl leicht erhitzen, die Zwiebelwürfel hinzugeben und langsam rösten. Den Topf vom Herd nehmen und den Inhalt abkühlen lassen.
In der Zwischenzeit werden in einer großen Pfanne die

Tuspakh-Eier in ausreichend viel Fett wie Spiegeleier gebraten. Wenn sie gar sind, verfärbt sich der Dotter tiefrot. Sie können dann auf einen im Ofen vorgewärmten Teller zur Seite gestellt werden.

Die angebratenen Zwiebelwürfel in die Pfanne geben, in der die Eier zubereitet worden sind; das Fett nicht wechseln. Rotwein und Wasser hinzufügen. Auf großer Flamme erhitzen, bis der größte Teil der Flüssigkeit verdampft ist. Dann die Vaalo-Brotscheiben in die Sauce legen und kurz einweichen lassen. Wenn das Brot weich und ein wenig aufgequollen ist, aus der Pfanne nehmen und auf die Teller legen, die Eier auf die Brotscheiben legen und mit einigen Löffeln Sauce aus der Pfanne übergießen.

Dann eine Flasche Yamok-Sauce im Wasserbad erhitzen, bis sich das Etikett ablöst (der Klebstoff, mit dem das Etikett befestigt wurde, hält es genau so lange, bis die Sauce die ideale Serviertemperatur erreicht hat). Die heiße Sauce auf die Eier geben. Sofort servieren und verzehren.

YAMOK-SAUCE

Ähnlich wie der Katakk-Fisch der Vulkanier ist auch die Yamok-Sauce der Cardassianer bei Fremden sehr unbeliebt. Da sich die Cardassianer aber an Ästhetik und Kraft orientieren und nicht von reiner Logik leiten lassen, gilt die Yamok-Sauce bei ihnen als Delikatesse, die sich vielseitiger Verwendung erfreut. Allen anderen Rassen ist die Sauce zuwider, da sie einerseits einen ausgeprägt sauren Geruch hat, der den Normalsterblichen durchaus zu Brechreiz bewegen kann und andererseits echte Yamok-Sauce einen Farbstoff enthält, der bei Menschen und ähnlichen hellhäutigen humanoiden Lebensformen zu Veränderungen in den Farbpigmenten der Haut führen kann. In Medizinerkreisen ist das Krankheitsbild allgemein als ›Yamok-Flecken‹ bekannt, ein Heilmittel ist bislang nicht bekannt.
Für die Basissauce (50 ml) benötigt man:

1 große Tasse Blauöl
200 g Koreep-Schinken
200 g geräucherter Algh-Fisch
1 kleine Megan-Zwiebel
3 EL Shurh-Pfeffer
2 Handvoll Kräuter

Der Koreep-Schinken wird in kleine Würfel geschnitten. Beachten Sie bitte, daß Sie dafür ein besonders scharfes Messer benötigen, da der Schinken extrem fest ist. Ideal, aber nicht überall erhältlich, ist ein Laser-skalpell.

Den Algh-Fisch in Streifen schneiden. Ist kein Fisch er-hältlich (insbesondere im Winter kann das vorkom-men), kann man an seiner Stelle auch geräucherten Koreep-Schinken nehmen.

Den gewürfelten Schinken in heißem Öl schmoren, bis er eine grünliche Flüssigkeit absondert. Dann den Schinken entnehmen und wegwerfen (er ist durch das Schmoren ungenießbar geworden); den Algh-Fisch in die Flüssigkeit legen. Er sondert ebenfalls nach wenigen Minuten eine Flüssigkeit ab, in diesem Fall eine blaßrote. Auch den Fisch entnehmen und wegwerfen. Die Zwiebel so fein schneiden, daß sie wie Püree wirkt, dann unterrühren. Bei mittlerer Temperatur schmoren lassen, bis die Zwiebel mit der Flüssigkeit eine leicht angedickte, dunkle Sauce bildet. Dann den gemahle-nen Pfeffer und die feingehackten Kräuter hinzugeben und unter mehrmaligem Aufkochen unterrühren. Was-ser hinzugeben, bis die relativ feste Creme geschmei-dig wird. In eine Flasche abfüllen, unverschlossen abkühlen lassen, dann die Flasche verschließen und Yamok-Sauce zu allen Gerichten reichen.

Dieses Rezept ergibt eine milde Yamok-Sauce. Wer eine schärfere Version bevorzugt, kann dies über die Menge Shurh-Pfeffer beeinflussen. Die Gastronomen bieten neben der milden in der Regel eine mittelscharfe Sauce an, die mit 6 Eßlöffeln Shurh-Pfeffer zubereitet wird. Die im Handel erhältliche Yamok-Sauce ›extra scharf‹ enthält auf die gleiche Menge Sauce gerechnet 12 Eßlöffel, wird aber damit noch immer nicht jedem Geschmack gerecht.

Es ist zu berücksichtigen, daß Cardassianer von frühester Jugend an mit Yamok-Sauce vertraut sind und die Schärfe der Sauce mit der Zeit zur Gewohnheit wird. Wenn Sie sicher sein möchten, daß von Ihnen eingeladene Cardassianer ihre Portion ihren Wünschen entsprechend würzen können, sollten Sie eine mittelscharfe Sauce zubereiten oder kaufen und zum Essen eine Flasche Shurh-Pfeffer-Konzentrat anbieten, so daß nach Belieben nachgewürzt werden kann.

SEM'HAL-EINTOPF

2 kg Sem'hal-Huhn
2 große Megan-Zwiebeln
8 Shurh-Schoten
4 TL Shurh-Pfeffer
500 g Kruus-Butter
1 l Blauöl
1,5 l klare Brühe
Mel'karina

Das Sem'hal-Huhn zerlegen, Knochen entnehmen und das Fleisch in kleine Würfel schneiden. Shurh-Schoten waschen, die Haut entfernen und das Fruchtmark durch ein Sieb geben, damit die kleinen durchsichtigen

Kerne zurückbleiben. Die Megan-Zwiebeln zu Ringen schneiden und zum Fruchtmark geben. Bei starker Hitze kurz anbraten, bis die Zwiebelringe eine intensive blaue Färbung angenommen haben. Das Sem'hal-Huhn dazugeben, umrühren und einige Minuten auf kleiner Flamme kochen. Shurh-Pfeffer, Kruus-Butter, Blauöl und Brühe dazugeben und kräftig erhitzen. Regelmäßig rühren, damit die Fleischwürfel zerfallen und mit der Brühe eine dicke Flüssigkeit bilden. Wenn alles zu einer Masse verkocht ist, den Topf vom Herd nehmen und die Suppe kalt stellen. Sie sollte mindestens sechs Stunden gründlich auskühlen; dann vor dem Servieren für einige Minuten bei großer Hitze in den Backofen stellen. Sobald die Suppe kleine Blasen wirft,

kann sie serviert werden. Ist sie zu flüssig, kann sie mit synthetischen Bindemitteln abgeschmeckt werden.

Eine der wichtigsten Zutaten, die dem Sem'hal-Eintopf seinen typischen Geschmack gibt, ist die Mel'karina. Da diese Zutat ein sehr intensives Aroma besitzt, sollte Mel'karina in einer separaten Schüssel serviert werden, so daß jeder Gast nach eigenem Geschmack würzen kann.

MEL'KARINA

Diese geschmacksintensive Zutat, die dem Sem'hal-Eintopf sein besonderes saures Aroma gibt, muß immer frisch zubereitet werden, da die Schotenfrucht, aus der sie entsteht, nicht länger als sechs Stunden nach dem Abtrennen vom Stamm verwendet werden darf; sie produziert ein in kleinsten Dosen tödlich wirkendes Gift. Mel'karina kann nicht konserviert werden, kaufen Sie daher nie Mel'karina in der Dose oder im Glas, da zwei Dinge mit Sicherheit damit verbunden sind: entweder ist es echtes Mel'karina, dann werden Sie und Ihre Gäste garantiert das Essen nicht überleben, oder es ist synthetisches Mel'karina, dann fehlt in jedem Fall der markante Geschmack, da er erst nach dem Abtrennen vom Stamm entsteht und von Replikatoren nicht nachempfunden werden kann ohne gleichzeitig das Gift zu produzieren.

Mel'karina gewinnt man, indem man die Schote etwa eine halbe Stunde in Wasser einweicht und dann mit den Fingern auspreßt, sobald das Mark weich ist. Das Fruchtmark kann nicht verwendet werden, die komplette Schote muß umgehend verbrannt werden, um andere davor zu bewahren, mit dem entstehenden Gift in Berührung zu kommen. Der dicke braune Saft muß aus den oben genannten Gründen umgehend in den Eintopf gegeben werden.

GERICHTE DER FERENGI

Wenn man der Küche der Ferengi überhaupt eine Eigenschaft zusprechen kann, dann ist es die der Einseitigkeit. Es gibt kein uns bekanntes Gericht, das auf die Beigabe des Blutflohs in irgendeiner Weise verzichtet.

Der Grund dafür liegt im Wesen der Ferengi begründet, die aus allem Profit schlagen wollen. Da die eigene Ernährung keinen in Latinum meßbaren Profit erbringt, wollen die Ferengi dafür auch so wenig wie möglich ausgeben. Der Blutfloh ist billig und nahrhaft.

Obwohl der Blutfloh im harmlosesten Fall als geschmacksneutral bezeichnet werden kann, ist er bei Nicht-Ferengi wenig beliebt. Dennoch scheuen Ferengi nicht davor zurück, den Blutfloh bei Geschäftsessen zu servieren. Beschwert sich der Gast darüber, können sie ihn moralisch unter Druck setzen, indem sie ihm vorwerfen, er stelle seine Kultur über die der Ferengi. Der Trick ist bekannt, und er funktioniert immer noch.

BLUTFLOH

Der Blutfloh, der äußerlich einem großen Maikäfer ähnelt und von leicht rötlicher Färbung ist, ist für die Ferengi Grundnahrungsmittel und Delikatesse zugleich. Er enthält alle Bestandteile, die für eine gesunde Ernährung erforderlich sind, und kann in unbegrenzten Mengen ein Leben lang verzehrt werden, ohne daß es zu Mangelerscheinungen oder Überkonzentrationen kommt.

Diese relative einseitige Ernährung hat viele Ferengi-Frauen dazu gebracht, den Blutfloh besonders vielfältig zuzubereiten. Nachfolgend nun einige der beliebtesten Variationen.

BLUTFLOH IN HONIG

Eine beliebige Menge Blutflöhe in einem großen Topf feinsten Honigs einlegen und für mindestens vier Wochen in einem dunklen und trockenen, aber nicht zu warmen Raum lagern. Danach hat sich die Schale zersetzt, so daß die Blutflöhe im Honig verrührt werden können; der Honig ist dann sofort als Brotaufstrich verwendbar.

BLUTFLOH IN GELEE

(Foto Seite 74)

eine gute Handvoll Blutflöhe
1 l Wasser
1 TL Salzlauge
20 Blatt Gelatine
Gewürze nach Belieben

Das Wasser 30 Minuten lang kochen. Die Blutflöhe aus den Schalen holen, halbieren und dem kochenden Wasser beigeben. Dann 5 Minuten ziehen lassen und wieder herausnehmen, um sie in eine tiefe Schüssel zu legen. Die Gelatine in heißem Wasser auflösen und zusammen mit der Salzlauge sowie den gewünschten Gewürzen in die Schüssel geben. Erkalten lassen und auf einen großen Teller stürzen.

KANDIERTER BLUTFLOH

Eine beliebige Menge Blutflöhe ein halbes Jahr lang in Salzlauge einlegen, damit die Schale die notwendige Festigkeit erhält, um sich nicht unter der Einwirkung der Zuckerschicht aufzulösen. Nach dem Kandieren können die Blutflöhe unbegrenzte Zeit aufbewahrt werden. Sie eignen sich als Marschverpflegung und beim Kasino-Besuch, zumal sie den Kauf der dort angebotenen und natürlich überteuerten Speisen un-

nötig machen. Wird dem Zuckerguß blauer Farbstoff beigefügt, erwecken die Blutflöhe den Eindruck, es handle sich bei ihnen um das allseits bekannte Kopfschmerzmittel *Ta'ar''tzu.* So kann es keine Schwierigkeiten geben, wenn der Verzehr mitgebrachter Speisen verboten ist.

GERÖSTETER BLUTFLOH

Eine beliebige Menge Blutflöhe auf ein Backblech legen, die Schalen mit ein wenig Fett bestreichen, dann wenige Minuten bei starker Hitze rösten und heiß servieren. Sie sind vor allem in kalten Jahreszeiten beliebt und stellen ein preisgünstiges, aber äußerst schmackhaftes Essen dar, das man seinen Geschäftspartnern bei einer Besprechung anbieten kann.

Achten Sie beim Rösten darauf, daß sich die Schale nur wenig verfärbt, ansonsten entwickelt sie einen zwar harmlosen, aber extrem unangenehmen Geschmack, der schon so manchen Vertragsabschluß platzen ließ.

BLUTFLOHÖL

Blutflöhe können auch zur Gewinnung von Öl verwendet werden. Dazu werden sie in einem gut geheizten Raum mit mindestens 97% Luftfeuchtigkeit gepreßt, das gewonnene Öl kann sofort getrunken oder zur Zubereitung anderer Speisen benutzt werden. Eine Aufbewahrung über längere Zeiträume (länger als sechs Wochen) ist nicht empfehlenswert, da das Öl dann einen recht bitteren Geschmack entwickelt und die leicht grünliche Färbung in ein dunkles Rot wechselt. Es ist aber weiterhin unbegrenzt genießbar und verwendbar, kann aber manchen Gast irritieren, der mit Geschmack und Farbe nicht vertraut ist.

BLUTFLOHSUPPE

Die bei allen Ferengi beliebteste Zubereitungsform ist die Blutflohsuppe. Pro Person rechnet man etwa 30 Blutflöhe sowie einen halben Liter Bouillon.
Die Flöhe waschen, zwei Tage lang an der Sonne trocknen, dann ganz in einem Mörser zerstoßen. (Sollte die Sonne nicht scheinen, so können sie auch unter einer warmen Lampe getrocknet werden; die Trockenzeit hängt dann jedoch von der Lichtquelle und der von ihr ausgehenden Wärme ab.)
Das Pulver in die soeben zubereitete und noch nicht

erkaltete Bouillon einrühren. Die Zugabe weiterer Gewürze ist nicht erforderlich, da die Blutflöhe den Geschmack der Bouillon verstärken, die als Wechselwir-
kung den Eigengeschmack der Blutflöhe verfeinert.

Die Suppe abkühlen lassen und noch am selben Tag
zweimal aufkochen, dann am nächsten Tag ein weiteres Mal aufkochen und heiß servieren.

Auf Wunsch kann der Suppe saure Sahne hinzugefügt
werden, je nach Geschmack auch in kleine Stücke ge-
schnittenes und leicht angeröstetes Brot.

Beachten Sie bitte, daß Sie zur Blutflohsuppe keine
Getränke mit echtem Alkohol servieren, sondern ausschließlich alkoholfreie Getränke oder solche mit Syn-
theholzusatz bis maximal 30 % vol.

Kar-qoul mit Nudeln   (Rezept Seite 39)

Typischer vulkanischer Serviervorschlag: schmucklos, aber praktisch

Tor-Peth-Beilage (Serviervorschlag) (Rezept Seite 46)

Tribbles à la Gagh als Partysnacks (Rezept Seite 32)

Weitere Gerichte

Vermicula

ist eine Speise der Antedianer. Sie besteht aus kleinen, eingelegten Blaufischen, die roh verzehrt werden. Um die Frische des Fisches zu bewahren, wird er wahlweise in Süß- oder Salzwasser eingelegt.

Beachten Sie, daß Antedianer prinzipiell kein Besteck benutzen und große Mengen Flüssigkeit benötigen, um die Nahrung schnellstens hinunterzuspülen.

Jambolaya à la Sisko

Daß ein Gericht aus dem Süden der Vereinigten Staaten, genauer aus Louisiana, zu den Leibgerichten von Benjamin Sisko, Commander der Raumstation Deep Space Nine, gehört, ist nicht verwunderlich, wenn man bedenkt, daß sein Vater dort ein Restaurant betrieb. Jambolaya ist eines der bekanntesten Rezepte der Cajun-Küche, das in zahllosen Variationen mit unzähligen verschiedenen Gewürzen zubereitet werden kann.

Wir möchten uns hier auf das Rezept konzentrieren, das Commander Sisko als Grundlage für sein Jambolaya nimmt und das er von seinem Vater übernommen und noch ein wenig verfeinert hat.

Seit jeher ist Jambolaya ein pikanter Eintopf, der vor allem durch das Fleisch seinen herausragenden Geschmack erhält. Die Sisko-Variante (für 6–8 Personen) ist um einiges schärfer als das Standard-Jambolaya aus dem Replikator. Man sollte daher unbedingt darauf achten, daß alle Gäste ein solche pikantes Gericht mögen, um so mehr, wenn sie zuvor noch nie Jambolaya gegessen haben.

Man sollte das Gericht vor dem Servieren unbedingt abschmecken und entsprechend nachwürzen, wenn Schinken und Wurst nicht sehr pikant sind. Dieses Gericht besitzt eine gewisse Schärfe, die meist genügt. Wer allerdings die beißende Schärfe der traditionellen Cajun-Küche mag, sollte noch schwarzen Pfeffer hinzufügen.

Zutaten:

800 g Putenbrustfilet

225 g mittelgroße Garnelen

225 g Tomatensauce aus frisch ausgedrückten Tomaten

450 g Tomaten

650 g ›schmutziger Reis‹

100 g Räucherschinken

150 g Pfeffersalami

2 mittelgroße Zwiebeln

100 g Frühlingszwiebeln
2 mittelgroße grüne Paprikaschoten
500 g Sellerie
400 ml Fond
2 TL frischer Thymian
1 TL Salz
1/2 TL Cayennepfeffer
1 EL schwarzer Pfeffer
2 EL Pflanzenöl

Vor dem Zubereiten:
– Putenbrustfilets häuten und in Würfel schneiden
– Paprikaschoten aushöhlen und in Würfel schneiden
– Zwiebeln in Würfel schneiden
– Garnelen aus der Schale lösen
– Tomaten entkernen und in Würfel schneiden
– Frühlingszwiebeln in Würfel schneiden
– Räucherschinken in kleine Stücke schneiden
– Pfeffersalami in dünne Scheiben schneiden

Zubereitung:
In einer Schüssel Salz, Cayennepfeffer, schwarzen Pfeffer und Thymian vermischen. Das Putenfleisch darin wenden, bis es gut von der Gewürzmischung bedeckt ist.
In einer großen Bratpfanne das Öl erhitzen. Das Putenfleisch ca. 5 Minuten unter häufigem Rühren erhitzen, bis es eine leichte Braunfärbung angenommen hat. Dann Sellerie, Zwiebeln und grüne Paprika zugeben

und weitere 6 bis 7 Minuten mitgaren, bis das Gemüse weich ist.

Schinken, Salami, Tomaten, Tomatensauce und Fond hinzufügen und erhitzen, bis es kocht. Dann bei niedrigerer Temperatur garen lassen, bis die Tomaten zerkocht sind und eine kräftige rote Sauce entstanden ist. Die Garnelen dazugeben und etwa 5 Minuten erhitzen, bis sie gar sind.

Den Eintopf mit Cayennepfeffer abschmecken, bis er sehr pikant ist. Dann Frühlingszwiebeln und Reis unterrühren, wobei nur soviel Reis dazugegeben werden sollte, daß der Eintopf deutlich dickflüssiger als eine Suppe ist.

CASSOULET À LA PICARD

Während Jean-Luc Picard bei der Wahl seines Tees international orientiert ist, ist er bei der Wahl seines Lieblingsgerichts ein echter Patriot.

Zutaten:
500 g weiße Bohnen
2 Zwiebeln
Salz
Pfeffer
1 kleine Gänsekeule
200 g mageres Schweinefleisch aus dem Schinken
250 g Schweineschulter
2 EL Butter
100 g grobe Mettwurst
1 EL Tomatenmark
1 Lorbeerblatt
2 Nelken
Suppengrün
1 halbes Glas Beaujolais
Paniermehl

Die Bohnen waschen. Über Nacht in eine Schüssel mit kaltem Wasser geben (die Bohnen müssen mit Wasser bedeckt sein) und quellen lassen. Am nächsten Tag in einen Topf geben, mit Wasser bedecken und die gehackte Zwiebel zugeben. Das Ganze bei kleiner Flamme weich kochen, aber unbedingt darauf achten, daß die Bohnen nicht zerkochen. Das Fleisch kurz anbräunen, Suppengrün und in Scheiben geschnittene Mettwurst beifügen und etwa 15 Minuten dünsten. Tomatenmark zugeben, ebenso die Gewürze und den Beaujolais, das Ganze zugedeckt weitere 15 Minuten dünsten. Das Fleisch herausnehmen und in dünne Scheiben schneiden, dann abwechselnd mit den Bohnen in einer feuerfesten Form übereinanderschichten. Bratensauce zugießen, mit Paniermehl und ein wenig Butter belegen und im Ofen backen. Sobald sich eine Kruste bildet, diese unterrühren. Die Wiederholung dieses Vorgangs verbessert den Geschmack des Gerichts. Zuletzt die Kruste dicker werden lassen, aus dem Ofen nehmen und servieren.

BORSCHTSCH À LA CHEKOV

200 g Weißkohl

200 g Karotten

200 g Kartoffeln

200 g Lauch

200 g Zwiebeln

200 g Sellerie

4 große Tomaten

300 g geräucherter Speck

15 g Zucker

Salz

Pfeffer
1 Lorbeerblatt
1/2 T Majoran
300 g Fleischwurst vom Schwein
750 g Ochsenfleisch
1 große Rote Rübe
1/4 l Zitronensaft
1 Tasse saure Sahne

Das Gemüse gründlich waschen und kurz einweichen, dann in kleine Würfel schneiden. Den Speck ebenfalls würfeln und mit dem Gemüse kurz andünsten. 2 l Wasser auffüllen. Fleisch in feine Streifen schneiden, Wurst großzügig in Scheiben schneiden, zusammen mit den Gewürzen der Brühe zugeben. Einige Zeit kochen lassen, die feingeriebene Rote Rübe und den Zitronensaft zugeben, kurz aufkochen lassen, dann servieren. Auf jeden Teller einen Löffel saure Sahne geben.

SCOTCH BROTH À LA SCOTTY

500 g Hammelfleisch
2 l Wasser
1 mittelgroße Zwiebel
100 g Gerste
1 Stange Lauch
150 g Sellerie
50 g Karotten
50 g Zuckerrüben
Pfeffer
Salz
1 EL gehackte Petersilie

Das Hammelfleisch in mittelgroße Würfel schneiden und in kaltes Wasser legen. Nach einigen Minuten abtrocknen, erhitzen und kurz zum Kochen bringen. Dann die Gerste, die kleingeschnittenen Gemüse und die in kleine Stücke geschnittene Zwiebel zugeben. Das Ganze zugedeckt solange kochen, bis alle Zutaten weich sind. Nach Belieben würzen, dann mit Petersilie bestreuen und servieren.

FISCHSALAT À LA SULU

375 g Fischfilet
Fischsud
1 mittelgroße saure Gurke
1 große Zwiebel
1 Apfel
2 hartgekochte Eier
2 Tassen gekochter Reis
5 Mandarinen

Für die Sauce:
10 Sardellenfilets
2 Tomaten
Essig
Öl
Pfeffer
Salz
Senf
Zitronensaft

Die Fischfilets im Fischsud garen und darauf achten,
daß sie nicht zerfallen. Wenn sie gar sind, aus dem Sud
nehmen, abkühlen lassen und in kleine Stücke teilen.
Sardellenfilets zusammen mit den Gewürzen, Essig und
Zitronensaft, Senf, Tomaten und einer ausreichenden
Menge Öl zu einer geschmeidigen Marinade vermengen. Den Apfel, die Zwiebel, die Eier und die Gurke in
kleine Würfel schneiden. Mandarinen klein schneiden,

unter den gekochten Reis mischen. Dann den Fisch zugeben und das Ganze ein wenig abkühlen lassen. In tiefe Teller geben und servieren.

SCHWEINEGULASCH À LA CHAKOTAY

750 g Schweinefleisch

0,2 l Weißwein

2 Zwiebeln

3 EL gebackene rote Bohnen

250 g Jalapeno-Pfefferschoten

4 EL Kräuterbutter

1/2 l klare Brühe

5–7 große Fleischtomaten

125 g geriebener Käse

Pfeffer

Salz

100 g Crème fraîche

Das Fleisch in fast fingerdicke Streifen schneiden, diese wiederum in kleine Würfel. Diese Würfel in wenig Fett leicht anbacken, dann die Würfel aus dem Fett nehmen und sie in einem niedrig temperierten Ofen warm halten. In diesem Fett die in kleine Würfel geschnittenen Zwiebeln rösten, bis sie eine gute braune Färbung angenommen haben. Den Weißwein zusammen mit den roten Bohnen und den fein gehackten Pfefferschoten hinzufügen. 25 Minuten kochen lassen, das Fleisch hinzugeben und gar kochen, außerdem die klare Brühe sowie die geachtelten Tomaten zugeben. 10 Minuten bei großer Flamme erhitzen, mit Salz und Pfeffer abschmecken. Gar kochen.

Auf die Teller verteilen, mit ein wenig Kräuterbutter, geriebenem Käse und Crème fraîche servieren.

FELOGIANISCHER MILCHKUCHEN

Der traditionsreiche, vor allem an hohen Feiertagen zubereitete felogianische Milchkuchen besteht aus Blätterteig und einer Füllung, die im Aussehen an einen Vanillepudding erinnert.

Für den Blätterteig benötigt man 200 g Fugar-Mehl und $1/4$ Liter Wasser. Mehl und Wasser langsam zu einem elastischen Teig kneten, wofür man sehr viel Geduld und Kraft aufbringen muß, da sich Fugar-Mehl nur sehr zögernd in Wasser auflöst, zugleich aber ständig gerührt werden muß, damit es keine Klumpen bildet.

Den gekneteten Teig halbieren, eine Hälfte vorübergehend mit einem feuchten Tuch an einem kalten Ort aufbewahren, die andere Hälfte zu einem dicken Fladen von mindestens 2 cm Dicke ausrollen. Dann diesen Teig mit einem ›Rundstein‹ (einem länglichen, nudelholzähnlichen Stein) zu einem Kreis ausrollen, bis er einen Durchmesser von 30 cm erreicht hat. Diesen

Teig in den Ofen legen und bei 60 °C warm halten, mit der zweiten Hälfte genauso verfahren, dann die Füllung zubereiten.

Dafür werden benötigt: 1 Liter Liut-Milch, 300 g Fugar-Mehl, 50 g geriebene Karalla-Schote. Die Liut-Milch auf 300 °C erhitzen (der Siedepunkt der Liut-Milch liegt bei über 600 °C), die Karalla-Schote langsam unterrühren. Dabei wird die Milch allmählich dickflüssiger. Dann das Fugar-Mehl einrühren, wobei auch hier zu beachten ist, daß die Löslichkeit des Fugar-Mehls erst nach langem und beständigem Rühren eintritt. Empfehlenswert ist, das Mehl jeweils mit einem kleinen Löffel in die Milch

zu geben und dann intensiv zu rühren, damit auch hier keine Klümpchen entstehen. Ist das gesamte Fugar-Mehl untergerührt, muß die Liut-Milch noch weitere zwei Stunden auf gleicher Temperatur gehalten werden. Dann wird sie zu einer kompakten Masse, die sofort auf den vorgebackenen Teigboden gegeben werden muß und (am besten von einer zweiten Person) ebenso schnell mit der anderen Teighälfte bedeckt werden muß. Die untere Teighälfte an den Rändern umschlagen, die Übergänge zur oberen Teighälfte mit ein wenig Karalla-Sirup bestreichen,

dann den Kuchen in den Backofen zurückschieben und 30 Minuten lang bei 250 °C backen.
Der fertige Kuchen muß erst völlig ausgekühlt sein, bevor er angeschnitten werden kann.

FELOGIANISCHE WAFFELN

Man nehme die gleichen Zutaten wie für den felogianischen Milchkuchen, ändere aber das Verhältnis zwischen Fugar-Mehl und Wasser so sehr, daß ein dickflüssiger Teig entsteht, der in einem Waffeleisen gebacken werden kann. Nur kurz backen, da die Waffel sonst hart und ungenießbar wird.
Wegen ihrer weitgehenden Geschmacklosigkeit (Fugar-Mehl enthält nur drei Geschmackseinheiten auf 100 g) kann die felogianische Waffel zu allen Gerichten serviert werden. Man kann sie mit jedem Belag versehen, pikant oder süß, aber auch pur essen. In diesem Fall sollte man aber ausreichend Flüssigkeit zur Verfügung stellen, da Fugar-Mehl sehr stark Flüssigkeit bindet und in Extremfällen zur Austrocknung des Körpers führt.

THALIANISCHE SCHOKOLADEN-MOUSSE

Die Thalianische Schokoladen-Mousse ist kein ursprünglich thalianisches Rezept, sondern bezieht zahlreiche Zutaten von der Erde mit ein.

4 Tassen süße Sahne
8 katarische Eigelb
300 g Hellzucker
2 Päckchen Vanillinzucker
20 Blatt Gelatine
1 l Schlagsahne
4 große Tafeln Schweizer Schokolade

Die Schlagsahne in eine Schüssel geben und nacheinander die Eigelb zugeben. Den Vanillinzucker und 300 g Hellzucker zugeben und unter ständigem Umrühren auf kleiner Flamme erhitzen. Dann kurz aufkochen lassen und vom Herd nehmen.
Dann die süße Sahne zugeben, die Gelatine in heißem Wasser auflösen.
Die Gelatine in eine gut gefettete Metallschüssel geben, die Schokolade erhitzen und ebenfalls in die Schüssel geben.
Ein wenig abkühlen lassen, dann zügig die zubereitete Masse zugeben. Die Schüssel in den Kühlschrank stellen, nach zwei Stunden auf einen Teller stürzen und servieren.

GETRÄNKE

ALDEBARANISCHER WHISKY

Aldebaranischer Whisky wird in zahllosen Farbvarianten hergestellt, sein Geschmack ist immer gleich, und er wird von Vertretern aller Rassen in allen Teilen der Galaxis geschätzt. Da die aldebaranischen Patentgesetze nie über das Planungsstadium hinauskamen, wurde der Whisky schnell kopiert und unter dem Etikett der angeblichen aldebaranischen Qualität angeboten. Dabei erreichten die Kopien nie das Vorbild, nur in ein paar Fällen wurde eine dem Original sehr stark ähnelnde Fälschung angetroffen. Der aus diesen Fälschungen resultierende schlechte Ruf ließ aldebaranischen Whisky fast in Vergessenheit geraten, bis die Ferengi für einen vergleichsweise geringen Betrag das Originalrezept erwarben und seitdem den Whisky in Lizenz herstellen. Die Geschäftstüchtigkeit der Ferengi hatte mehrere Folgen:

– aldebaranischer Whisky konnte den angeschlagenen Ruf in kürzester Zeit aufbessern; seitdem kann man sich darauf verlassen, in jedem Winkel der Galaxis

ein Produkt von stets gleicher Qualität erwerben zu können;
– jeder Schwarzbrenner wird unbarmherzig angeklagt und zu hohen Haft- und Geldstrafen verurteilt;
– die aldebaranische Wirtschaft stagniert, da die Ferengi den Verträgen entsprechend jährlich eine feste Gebühr bezahlen, die nicht einmal 0,5% des Betrages ausmacht, den sie bei einer üblichen Lizenzvereinbarung aufgrund des erzielten Gewinns zu zahlen hätten. Alle Versuche, die Vertragsvereinbarungen rückgängig zu machen, scheiterten, da von den Ferengi ausgehandelte Verträge nie Raum für Interpretationen lassen, die den Vertragspartner retten könnten.

TULABERRY-WEIN

Tulaberry-Wein stammt aus dem Gamma Quadranten. Er hat einen lieblichen Geschmack, enthält aber einen hohen Anteil sogenannten ›versteckten Alkohols‹. Das bedeutet, daß derjenige, der den Wein trinkt, noch für Stunden völlig nüchtern sein kann, bevor der Alkohol aktiviert wird. Tulaberry-Wein sollte daher nur in kleinen Mengen getrunken werden, um nicht eine böse und vor allem sehr späte Überraschung zu erleben.
Kaufen Sie Tulaberry-Wein prinzipiell bei einem Schmuggler im Alpha-Quadranten, niemals aber bei

Brakth-Leber wird zubereitet (Rezept Seite 15)

noch so ehrlich erscheinen-
den Händlern im Gamma-
Quadranten. Das Domi-
nion erfährt alles, was sich
im Gamma-Quadranten ab-
spielt, und wenn die
Jem'Hadar durch das
Wurmloch kommen, soll-
ten sie besser nicht im Besitz Ihrer Adresse sein. Und
wenn Sie schon nicht der
Versuchung erliegen kön-
nen, Tulaberry-Wein beim
Erzeuger zu kaufen, dann

hinterlassen Sie zumindest als Adresse die eines unliebsamen Nachbarn. Man wird es Ihnen danken.

TRIXIANISCHER BLASENSAFT

15 trixianische Saftblasen
handelsüblicher grüner Zucker
Pfefferblätter
1 große Flasche trixianischer Sekt

Die Saftblasen schälen und häuten, vorsichtig das Frucht-
fleisch entnehmen. Langsam auspressen, mit Zucker bestreuen. Dann für mindestens sechs Stunden in einer

Kühltruhe ruhen lassen. Die Gläser mit den in Wasser eingeweichten und mit einem Messer kreuzweise angeritzten Pfefferblättern einreiben. Dann jedes Glas zur Hälfte mit Sekt füllen, den Saft aus der Kühltruhe nehmen und die Gläser auffüllen. Sofort servieren und sofort trinken. Der Saft der trixianischen Blasen verliert immens an Aroma, sobald er sich zu erwärmen beginnt.

IRISH COFFEE À LA O'BRIEN

Auch wenn O'Brien normalerweise einfachen schwarzen Kaffee trinkt, so entspannt er sich – zwar äußerst selten – auch mal bei einem Glas Irish Coffee.
Für ein Glas werden benötigt:

5 TL brauner grober Zucker
4 cl irischer Whisky
eine Tasse starker schwarzer Kaffee
(mindestens 3 TL Kaffee pro Tasse)
Schlagsahne
Kakaopulver

Zunächst den Zucker in ein hitzebeständiges Glas geben, dann den Whisky zugießen. Das Ganze über einer Flamme (idealerweise einer Kerze) erhitzen und ständig umrühren, bis Zucker und Whisky eine dicke, braune Flüssigkeit bilden.

Dann das Glas mit frisch zubereitetem heißen Kaffee auffüllen. Langsam umrühren. Einen Löffel Schlagsahne darauf geben, mit Kakaopulver bestreuen und servieren.

KLINGONISCHER BLUTWEIN

Die Bezeichnung Blutwein ist eigentlich Etikettenschwindel, aber es ist noch niemandem gelungen, die Klingonen von der Unehrenhaftigkeit einer falschen Bezeichnung zu überzeugen. Klingonischer Blutwein wird aus einer namenlosen roten Beere gewonnen, die einen süßlichen Sirup absondert. Dieser Sirup wird mit Alkohol angesetzt und in einem dunklen, trockenen Raum gelagert, bis das Gemisch wie Blut aussieht.

Klingonischer Blutwein kann zu allen klingonischen und vielen anderen Gerichten serviert werden. Er ist für klingonische Verhältnisse ungewöhnlich süß, sein Alkoholgehalt ist ziemlich gering.

TARKALIANISCHER TEE

20 tarkalianische große Teeblätter
1 l Wasser
Frukta-Pulver
Hebbe-Rum
Esplanis
Eiswürfel

Das Wasser zum Kochen bringen und die ganzen Teeblätter zugeben. Etwa eine Stunde ziehen lassen, bis die Teeblätter ihre Farbe verloren haben und nur noch halb so groß sind wie zuvor. Teeblätter entnehmen. Frukta-Pulver zugeben und gründlich umrühren. Hebbe-Rum und Esplanis zugeben, nicht umrühren. Das ganze abkühlen lassen und in hohen Gläsern servieren. Eiswürfel in einem Kühlbehälter auf den Tisch stellen und bei Bedarf den Tee damit kühlen.

SAMARIANISCHER BRANDY

Dieser Brandy enthält einen geringen offenen und einen hohen verdeckten Alkoholgehalt. Der verdeckte Alkohol wird aber nur freigesetzt, wenn man innerhalb einer Stunde nach Genuß des Brandys andere alkoholhaltige Getränke zu sich nimmt.
Der Brandy eignet sich hervorragend zu allen Fleisch-

gerichten, die aber aus den oben erwähnten Gründen ohne Zugabe von alkoholhaltigen Getränken zubereitet sein sollten.

SAMARIAN SUNSET

Für diesen Longdrink benötigt man:

1 große Akra-Frucht
1 halbe Pelkhah
6 reife Verttissen
8 besonders große Gorg-Beeren
Samarianischer Sherry
Fruchtlikör nach Belieben
Samarianischer Brandy
200 g Süßmasse

Akra-Frucht schälen, auspressen und den Saft in einem Becher auffangen. Den Saft der halben Pelkhah dazugeben, die Verttissen schälen, mit einer Gabel zerdrücken, in eine Schüssel legen. Den Saft dazugeben unter ständigem Umrühren, bis sich die Verttissen vollständig aufgelöst haben. Die Gorg-Beeren halbieren und den Früchten beigeben. Den samarianischen Sherry, den Fruchtlikör und den samarianischen Brandy mischen, in Cocktailgläser geben (nur bis zur Hälfte füllen). Dann die Fruchtmischung darüber geben. Nicht rühren. Eine Stunde kalt stellen, dann mit Süßmasse garnieren und servieren.

ROMULANISCHES ALE

Romulanisches Ale eignet sich praktisch zu allen Gelegenheiten. Es kann sowohl bei einem Festbankett als auch bei einem gemütlichen Beisammensein gereicht werden.

Im Winter ist heißes romulanisches Ale bestens geeignet, um sich nach einem langen Aufenthalt im Freien schnell aufzuwärmen.

Im Sommer ist es mit Eis ein idealer Durstlöscher, je-

doch sollte man bei zu hohen Außentemperaturen eine kleine Menge Dealko beigeben, um den Alkoholgehalt zu reduzieren.

Hinweis: Der *Besitz* von romulanischem Ale ist im Bereich der Föderation nicht verboten, der *Vertrieb* dagegen ist unter Strafandrohung untersagt. Kaufen Sie von Ihrem lokalen Schwarzhändler daher nie mehr Ale, als Sie für eine Woche benötigen, da Sie sonst in den Verdacht geraten könnten, ein Händler zu sein.

MARALTIANISCHES SEEV-ALE

Seev-Ale enthält auf irdische Maßeinheiten umgerechnet 112 % Alkohol. Diese scheinbare Unmöglichkeit hat ihre Ursache darin, daß der maraltianische Alkohol ein Konzentrat ist, das sich nur langsam auflöst. Da auf Maraltia der Alkohol keine der uns bekannten unangenehmen Nebenwirkungen hat, enthält Seev-Ale soviel Alkohol, daß ein Mensch von einem Likörglas Seev-Ale unter Umständen eine Alkoholvergiftung davontragen kann. Man sollte daher alle alkoholischen Getränke, die von Maraltia kommen, auf jeden Fall verdünnen.

Beachten Sie, daß Seev-Ale nicht serviert wird, wenn gleichzeitig Yamok-Sauce auf dem Tisch steht oder in einem Gericht verarbeitet worden ist. Der maraltianische Alkohol löst die Molekularstruktur der Yamok-Sauce auf und baut sie zu einer hochexplosiven Substanz um.

JUBA-TEE

Obwohl der Juba-Tee den Namen ›Tee‹ trägt, gleicht er in der Herstellung eher dem irdischen Kaffee.

Grundlage ist die Juba-Bohne, eine kleine, in ihrem Urzustand bläuliche Frucht.

Für Juba-Tee werden vor allem dunkelblaue Bohnen genommen. Die Bohnen werden geschält, geröstet (was am besten erst kurz vor der Zubereitung geschieht) und dann feingemahlen. Bei Verwendung einer Juba-Kaffeemühle wird die notwendige Feinheit schnell erreicht, zumal das spezielle Räderwerk der Mühle den für den Mahlvorgang erforderlichen Kraftaufwand deutlich reduziert. Eine volle Juba-Kaffeemühle ergibt 12–15 Tassen Tee. Die Juba-Kanne, die mit der Kaffeemühle üblicherweise zusammen verkauft wird, faßt die entsprechende Menge Wasser. Das feingemahlene Pulver in die Kanne geben, dann bis zur ersten Markierung (die etwa $\frac{1}{4}$ Liter entspricht) Wasser auffüllen und aufkochen. Wenn diese Masse kocht, die Kanne mit kaltem Wasser auffüllen, noch ein paar Minuten auf der Feuerstelle belassen, dann vom Feuer nehmen und heiß trinken.

Register

Shadowrun

06/5483

H e y n e - T a s c h e n b ü c h e r

HEYNE BÜCHER

Das Comeback einer Legende

George Lucas ultimatives Weltraumabenteuer geht weiter!

01/9373

Kevin J. Anderson
Flucht ins Ungewisse
*1. Roman der Trilogie
»Die Akademie der Jedi Ritter«
01/9373*

Der Geist des Dunklen Lords
*2. Roman der Trilogie
»Die Akademie der Jedi Ritter«
01/9375*

Die Meister der Macht
*3. Roman der Trilogie
»Die Akademie der Jedi Ritter«
01/9376*

Roger MacBride Allen
Der Hinterhalt
*1. Roman der Corellia-Trilogie
01/10201*

Angriff auf Selonia
*2. Roman der Corellia-Trilogie
01/10202*

Vonda McIntyre
Der Kristallstern
01/9970

Kathy Tyers
Der Pakt von Bakura
01/9372

Dave Wolverton
Entführung nach Dathomir
01/9374

Oliver Denker
STAR WARS – Die Filme
32/244

Heyne-Taschenbücher

HEYNE BÜCHER

Terry Pratchett

*Kultig, witzig,
geistreich –
»Terry Pratchett ist
der Douglas Adams
der Fantasy.«*
The Guardian

Heyne - Taschenbücher

HEYNE BÜCHER

William Gibson

Kultautor und Großmeister des »Cyberpunk«

Cyberspace
06/4468

Biochips
06/4529 und 01/9584

Mona Lisa Overdrive
06/4681 und 01/9943

Neuromancer
01/8449

William Gibson
Bruce Sterling
Die Differenz-Maschine
06/4860

01/9584

H e y n e - T a s c h e n b ü c h e r

MAGIC
Die
Zusammenkunft

*Die Buchreihe zum
erfolgreichsten
Fantasy-Kartenspiel
der Welt!*

06/6605

H e y n e - T a s c h e n b ü c h e r

Lois McMaster Bujold

Romane aus dem preisgekrönten Barrayer-Zyklus der amerikanischen Autorin

Grenzen der Unendlichkeit
Band 6
06/5452

Waffenbrüder
Band 7
06/5538

06/5452

06/5538

Heyne-Taschenbücher